谨以此书献给

自保险营销体制引进我国以来，数以千万在保险意识的荒原上，开疆拓土的一代又一代保险营销员。

是他们用常人难以想象的隐忍、包容、坚持和薪火相传永不熄灭的信念，说千言万语、走千山万水、历千辛万苦，以无悔的年华将一份份保单送进千家万户，使保险大义在中国大地上星火燎原。因为他们的付出，保险所蕴含的强大的、温暖的力量，每时每刻都在潜移默化地改变着我们的生活。

所以，无论未来中国保险业呈现何等美好景象，也无论我们的生活过得有多好，都——不应忘记他们。

——王峰雪

● 王峰雪 著

中国保险营销体制变革
——势在必行

ZHONGGUO BAOXIAN
YINGXIAO TIZHI BIANGE SHIZAI BIXING

中国出版集团
世界图书出版公司

图书在版编目（CIP）数据

中国保险营销体制变革：势在必行 / 王峰雪著. —
广州：世界图书出版广东有限公司，2012.12
　ISBN 978-7-5100-5506-5

Ⅰ. ①中… Ⅱ. ①王… Ⅲ. ①保险业—市场营销—体
制改革—研究—中国 Ⅳ. ①F842.4

中国版本图书馆 CIP 数据核字（2012）第 297781 号

中国保险营销体制变革——势在必行

策划编辑：	刘正武
责任编辑：	程　静　张东文
出版发行：	世界图书出版广东有限公司
	（广州市新港西路大江冲 25 号　邮编：510300）
联系方式：	020-84451969　84459539
	http://www.gdst.com.cn　E-mail：pub@gdst.com.cn
经　　销：	各地新华书店
印　　刷：	广东省农垦总局印刷厂
版　　次：	2012 年 12 月第 1 版　2012 年 12 月第 1 次印刷
开　　本：	787 mm × 1092 mm　1/16
字　　数：	178 千
印　　张：	13.5
书　　号：	ISBN 978-7-5100-5506-5/F・0086
定　　价：	38.00 元

版权所有　侵权必究
咨询、投稿：020-84460251　　gzlzw@126.com

一部探讨保险营销体制的新力作

（代序）

因为几年前王峰雪就读我校的 EMBA 专业，使我与他认识，有机会了解他对我国保险营销体制改革的看法，并有幸成为他这部专著的第一个读者。我只不过是一位讲授保险课程的教师，这里仅以一位普通读者的身份，谈谈读后感吧，代为序。

1992 年，作为第一家被允许在中国从事寿险业务的外资保险公司，美国友邦保险公司将代理制寿险营销模式引进中国，在短短的几年里，就以其上乘的表现引起了各家寿险公司的青睐，并纷纷仿效。从 1995 年开始，包括中国人寿保险公司在内的几乎所有寿险公司普遍采用这种营销模式。代理制寿险营销模式的普遍采用，一次又一次地刷新了业务增长速度，极大地促进了保险业的发展。

中国保监会统计显示，2007 年通过保险营销员这一传统渠道，保险业共实现保费收入 3193.9 亿元，占总保费收入的 45.4%；实现人身险保费收入 1968.03 亿元，占人身险总保费收入的 59.6%。在所有的营销员中，代理制的保险营销员占有绝对的比重。2007 年 6 月，我国代理制营销模式员

工占全部营销员的96%，员工制等其他用工方式的员工只占营销员总数的4%。截至2010年，中国保险营销队伍已发展到近330万人，其中寿险营销员287.9万人。正是这一体制，使中国保险业取得了年复合增长率27%的超常规发展速度。

然而，代理制寿险营销模式就像一把日后悬在寿险业上方的达摩克利斯之剑，在为国内各家保险公司保费收入带来巨量增长的同时，也给寿险业埋下了今日整体行业形象遭社会诟病的种子。确确实实，与其鲜明的优点相匹配的是，代理制寿险营销模式的问题也同样突出。

一是专业素质缺乏。在这一体制下，几乎所有的保险企业都靠"大兵团"作战、靠"人海战术"来保证保费收入增加和占领市场的目的，其结果是大潮袭来泥沙俱下，部分营销员不能适应工作的要求，也不能顺应保险行业的发展。

二是短期性行为严重。在这一体制下，保险企业的"数字英雄"备受推崇，因为营销员没有明确的法律身份，更没有足够的归属感，利益几乎成为很多营销员的唯一导向。大量营销员很难从长远的角度向客户提供优质的保险服务，只注重业务数量的增长，致使保险业整体的服务水平和质量难以得到保证。

三是不诚信行为难以控制。部分道德素质低下的营销员，违背保险行业"如实告之"的职业操守，既损害了保险公司的利益，又伤害了保险业的社会形象。

面对已经走过了20年的代理制寿险营销模式，面对它存在的种种问题，人们不得不进行反思，有人认为它已风光不再，有人认为它的地位不可替代，有人认为它需要完善和创新……看起来，代理制寿险营销模式真的走到了十字路口，需要做出抉择了。

一部探讨保险营销体制的新力作（代序）

然而，中国的寿险营销制度，或者说中国的保险营销体制究竟何去何从？对此，专家学者以及保险业的有识之士进行了大量的富有成效的探索。遗憾的是，这些探索基本都是就保险营销的某一方面展开的，即便是涉及保险营销制度也仅仅是浅尝辄止，没有进行专门的深层次的研究。

保监会在2009年6月印发的《关于改革完善保险营销员体制机制的意见（征求意见稿）》中提出的保险营销员未来的出路（保险营销员可以成为公司的员工、保险中介公司的专业销售员工、以保险公司为用人单位的劳务派遣公司员工、符合保险法规定的个人保险代理人），可以看成是对我国保险营销体制改革和完善的一种指导性意见，但这个意见主要是针对保险营销员社会"边缘人"这一状态而言的。

王峰雪的《中国保险营销体制变革——势在必行》这部专著则对保险营销体制的前世今生做了全面、系统、深刻的阐述：找出了我国保险营销体制发展到现阶段所产生的一系列矛盾，对矛盾形成的深层次原因进行深入的分析和探讨；通过我国和发达国家的保险市场对比，以及在经济社会中的价值贡献差距，提出保险营销体制变革的紧迫性和必然性，并针对保险市场现状，提出一系列切实可行的过渡期办法；通过对保险市场的宏观分析，指出商业保险在我国未来发展的巨大空间，提出全面市场化方向是我国保险营销体制变革的最优选择，并通过对市场化的理论分析，提出一系列宏观和微观层面的变革建议。

其中，"坚定全面市场化变革方向，着手保险'大中介'体制探索"写得尤为精彩，例如他提出的通过推动保险中介专业资源的有效整合，形成保险业全面产业价值链的大胆构想。由"产销分离"逐步过渡到"研发分离"、"风险管理分离"和"服务分离"等环节，通过市场这个"看不见的手"去推动市场各类资源的优化配置，进而推动市场向品牌保险机

构、品牌保险团队和品牌保险精英所构成的不同竞争优势和不同竞争主体的方向发展，最终实现多方共赢的保险"大中介"市场格局。

作者通过对世界保险业的发展趋势和演变历程的研究，结合国情，认为我国的保险营销只有朝这个方向发展，才能打破一直以来保险营销体制只局限于各保险企业对内业务渠道管理、对外产品销售的单一的、局部的市场化格局。因为围绕营销渠道的整个产业链一直没有市场化，例如勘察理赔、产品销售、客户服务和培训教育等。这种营销机制使行业的资源配置重叠浪费，经营成本高企，管理效率低下，难以形成细分市场的竞争优势。通过全面市场化的资源配置方式，大力推进行业的充分竞争和制度创新，才能提升行业整体效率，最终达成整合所有社会资源，实现保险业公平、公正、多方共赢的发展格局。

作者能有这样的思维、提出这样的设想、写出这样具有创新性的专著并非偶然。第一，他的履职经历给出了理由：1995年起即在改革开放的前沿深圳市从事寿险营销工作（历任寿险营销员、主任、经理、营销部经理）；2010年至2012年，调入公司内勤从事行政管理，负责地市分公司个险部、培训部工作。第二，他孜孜以求的探索精神给出了理由：从业十八年来，亲历了保险营销体制对从业者个人命运的深远影响，对"保险改变生活"这一价值的坚定信仰，对我国保险营销体制变革的由衷渴望，对保险营销员所面临的生存状态的切肤之痛和深厚感情。因为这些，十几年来，他从未放弃过对中国保险营销体制的不懈追问。

作者以一名真正来自保险市场一线的营销员身份，参与这场事关国内全体营销员未来发展的讨论，具有很大的象征意义。第一，他的参与，弥补了在保险营销体制改革研究中，营销员一直缺位的不足。第二，他的参与，不论最终起到多大的作用，但至少说明营销员群体中依然有部分营销

精英在思考、探索自己未来的命运问题。第三，他的参与，也许能给相关决策部门提供一些具有价值的参考信息。所以，我相信他的这次参与，是富有积极的象征意义的。

总之，这是一部值得一读的书，例如从事保险理论特别是营销体制研究的学者，保险监管部门的领导特别是负责寿险渠道监管的部门领导，保险企业的老总特别是人寿保险公司的老总，寿险企业的职能部门特别是营销部、企划部和培训部，营销人员特别是寿险营销员等，都应该成为本书的读者。我相信我对本书的评价是客观和公正的，这本书不会让您失望！

东北财经大学教授　刘子操

2012 年 11 月 1 日于大连

自　序

读者朋友现在看到的这本书的书名，和我最初的想法是有很大出入的。最早我只想以国内某家寿险公司为样本，来研究一家保险企业的营销体制变革，但是在动笔后，写作大纲就前后修改了十次以上。修改的动因一是朋友和专业人士的建议，二是在写作的过程中发现随着主要脉络的展开而不得不进行调整。否则，文章将无以为继，问题将无以解答，论证将苍白无力。

然而，要以我国保险营销体制变革为题来展开分析的话，又感觉过于宏观难以把握，所以当时就想以某一企业为例，这样就似乎更容易驾驭。但是没想到随着写作的深入，原本想避开主干道走捷径的初衷，百转千回之后，又回到原来这条主干道上了。

然而，我知道要把这个话题谈好绝非易事。原因是作为市场经济发展而附生的保险以及保险营销所涉及的问题庞杂凌乱，绝非单一的因素而形成现状。其中既有保险业所处历史时期的价值认识问题，又有政府监管部门对行业的角色定位问题，还有保险企业自身管理思维的传统惯性问题。

目前，国内关注、重视和支持保险营销体制改革研究的人群大致可分为以下三个群体：

第一类是政府保险监管群体。他们大多数认为国内保险营销现状有体制的问题，但问题更多的是保险企业的经营战略定位出现偏差和执行力不到位所致。所以，在解决问题时，给出的宏观性和政策性指导较多。

第二类是保险企业的相关管理人员。他们作为体制的践行者，当然感觉到现在的保险营销体制给行业发展造成的障碍和困惑，他们也发现营销队伍和基层单位的管理人员整体素质不高，觉悟不够，落实公司的相关决策不到位。所以，给出的解决问题方法，大多侧重于企业要调整经营战略目标，流程再造，加大对营销队伍的制度化管理和培训力度等。

第三类是各大高等院校的保险专业的专家和教授。他们几乎都能看到现有的保险营销体制存在的诸多弊端，认为这些弊端就是现在保险营销市场一系列问题的根源。但是他们对20年来，保险企业的经营管理变化，以及营销队伍的生存状态和精神状态的变化了解得显然还远远不够，对这些嬗变累加所引起的行业巨变没有予以高度重视并进行深刻剖析，因此很多分析难免失之表面化和说教。所给出的解决问题方法显然过于理想化和简单化，受到保险企业和营销团队的认同以及可操作性也大为降低。

在阅读了大量有关保险营销体制改革的相关研究文章后，我吃惊地发现，多年来，在这么多热心保险营销体制改革的研究者中，讨论的对象——300多万营销员，几乎没有人真正参与进来。我想原因应该很多，例如：营销员的工作太忙，没时间；信息的占有没有比较优势；所处的位置使看问题的高度不够；没有信心，已经麻木了，认为讲了等于白讲。我认为，这不是一个好的现象，至少不正常。因为要想对一种不正常的社会现象通过充分讨论得出正确的结论，至少研究它的视角应该是多维的，发声

也应该是来自不同位置和层面的，这样才能使真理越辩越明，使决策者在众说纷纭中更能看清真相，把握矛盾的核心所在，最后制定一个最为有效的、能够解决矛盾的整体方案来，使保险营销体制的变革能够朝着大多数人的良好预期走去。否则，这个变革必将留下遗憾。因为这个庞大的群体20年来对行业的变化是最为敏感和切肤的，每一次的政策调整、每一次的利益重新分配、每一次的市场微小变化，他们都是见证人和承担者。没有这个群体的发声和深度参与，也许最终的变革会走弯路，甚至要付出一些不必要的代价。

那么，在这本书中，作为一名从事了十五年市场营销和十三年团队管理的营销员，想实现我的哪些初衷呢？其实很简单。第一，我只想从一名营销员的角度为政府监管部门和保险企业提供一个来自最底层的对保险营销体制的观察和理解的视角。这个视角所持的相关观点，也许片面、偏激，也许角度不对、高度不够、深度不及，但它至少传达了来自绝大多数营销员群体的心声。第二，我想通过我的思考和整理，帮全体营销员理清3个一直困扰我们的问题：（1）我是谁？（2）我现在在哪里？（3）我要向哪里去？

只有知道"我是谁"，营销员才能清楚地看到自己从哪里来的真相，才能理性客观地认识自己的社会价值，才能自信地对自己所从事的行业予以准确的定位。只有明确知道"我现在在哪里"，营销员才能明白导致现状的前因后果，才能对自己所处的位置和市场价值予以理性的分析和评估。因为这个基于对自己和时代乃至行业发展的价值分析和评估，将直接影响到第三个问题"我要向哪里去"的方向性判断。通过"我要向哪里去"的行业发展规律性分析，探讨保险营销员在未来保险营销"全面市场化"和保险"大中介"时代到来之际，应明确自己的发展方向和目标，拓宽从业路径，坚定从业信念。激发自尊、自爱、自强之心，沿着保险业专

业化和职业化的道路，紧紧抓住保险营销体制变革的良好机遇，沉下心来，着力锻造一支属于自己的营销品牌精英和品牌精英团队。在中国保险业即将到来的全新发展期中，体现更高的人生价值。

但愿，我的思考能够在回答以上 3 个困扰营销员很久的问题上，在推动我国保险营销体制的变革上，给予一点启发和帮助。如有裨益，则欣慰之至。

摘　要

保险营销体制自 1992 年被美国友邦保险公司引入中国后，迅速被国内大多数保险公司采用。截至 2011 年年底，中国保险营销队伍已发展到 335.74 万人，其中寿险营销员 289.09 万人。正是这一体制，使中国保险业在过去的十年间，总资产增长 12 倍，取得了年复合增长率 27% 的超常规发展速度。保险业也由"金融洼地"成长为金融体系的重要支柱。

然而，自 2010 年起，全国的保费增速却突然出现同比大幅下滑的局面。迄今为止，这种势头依然延续，引起社会各界的高度关注和重视。

从表面看，这一现象和国际市场欧美主权债务危机加速，以及国内经济下行压力增大、中小企业经营困难、公众为寻求资产安全保值而转向其他投资渠道有关。而深层次的原因则主要是：随着近年来物价不断上涨，富余劳动力减少，劳动力成本上升；以及现有保险营销体制下所体现的人海战术，低产能、低素质、高投入的经营模式等因素的糅合发酵，使得保险营销体制多年的积弊得以集中体现。这些深层次的矛盾，才是近年来寿险行业增速大幅下滑的真正原因。

事实证明，中国现行保险营销体制无论是从保险企业的管理成本、风险控制和业务增长所面临的困境，还是市场自身所处的历史发展阶段、经济环境和消费需求变化等因素来看，它都走到了尽头，完成了历史使命，亟须变革和创新！

中国保险营销体制变革的长久之策，应符合国情和市场经济发展规律。在保险监管部门和政府相关部门的指导和推动下，通过以行业市场化的主导模式，充分整合社会各方资源，实现我国保险业的长期稳健发展，实现保险企业、营销员和市场多方共赢，行业健康发展的新局面。

本书共分六个主要部分。第一章为保险营销体制的概念性理论分析，同时介绍了该体制对行业发展所做出的贡献。第二章对我国保险营销体制发展到现阶段所产生的一系列矛盾予以全面系统的论述。第三章透过矛盾的表象，对矛盾形成的深层次原因进行深入分析和探讨。第四章通过我国和发达国家的保险市场对比，以及在经济社会中的价值贡献差距，提出保险营销体制变革的紧迫性和必然性，并针对保险市场现状，提出一系列切实可行的过渡期办法。第五章通过对保险市场的宏观分析，指出商业保险在我国未来发展的巨大空间，提出全面市场化方向是我国保险营销体制变革的最优选择，并通过对市场化的理论分析，提出一系列宏观和微观层面的变革建议。第六章指出保险营销体制变革的成功与否，主要取决于政府和监管部门。

本书的创新之处在于：提出保险营销"全面市场化"的"大中介"变革设想，并对如何确保变革的全面实施和顺利推进提出相应的建议。

关键词：保险营销体制；变革；全面市场化；大中介

目　录

一部探讨保险营销体制的新力作（代序） / 1

自　序 / 7

摘　要 / 11

第一章　我国保险营销体制概况 / 1

一、保险营销体制的类型 / 3

（一）直销制 / 3

（二）中介制 / 5

（三）个人代理制的营销理论 / 8

（四）我国对保险代理人的法律定义和解释 / 9

二、保险营销体制在我国的发展沿革 / 9

三、保险营销体制对寿险业发展的价值贡献 / 10

四、我国寿险营销体制的管理模式 / 12

（一）金字塔式组织晋升的团队架构 / 12

　　　　（二）新颖的薪酬激励机制 / 12
　　　　（三）独具特色的营销文化 / 13

第二章　保险业快速发展所带来的体制性矛盾 / 15
　　一、近年来保险营销市场发生的一系列变化 / 17
　　　　（一）营销员保费收入的数据变化 / 17
　　　　（二）退保率及保障型险种的占比变化 / 19
　　　　（三）保险营销员人数的变化 / 19
　　　　（四）保险营销员收入的变化 / 19
　　二、营销队伍的整体专业素质不高 / 21
　　三、大进大出的高流失率导致服务质量下降 / 21
　　四、营销员的社会诚信度和认同度下降 / 22

第三章　保险营销体制矛盾形成的深层次原因分析 / 23
　　一、保险营销体制矛盾集中体现的深层次原因分析 / 25
　　　　（一）营销员的法律身份二十年一直悬而未决 / 25
　　　　（二）保险企业的管理面临诸多难以突破的瓶颈 / 27
　　二、保险业的保守观念和利益驱动使体制变革困难重重 / 38
　　三、监管部门和企业片面强化监管和惩治的作用 / 48

第四章　保险营销体制变革的紧迫性和必然性分析 / 55
　　一、我国保险业和发达国家的差距分析 / 57
　　　　（一）当前世界经济对我国保险业形成的冲击 / 58
　　　　（二）复杂的投资环境使保险企业经营压力大增 / 59
　　　　（三）不合理的产品结构风险亟待消除 / 59
　　　　（四）保险营销体制已无法满足市场的快速发展 / 60

二、立足现实，形成过渡期的战略共识和有效举措 / 61
　　（一）"面对面"保险营销模式保留的优势价值分析 / 62
　　（二）应充分肯定并保护保险营销员的市场价值 / 63
　　（三）加大培训中职业道德部分的培训力度 / 69
　　（四）全面建立营销员的职业责任保险 / 69
　　（五）彻底改变保险企业和营销员之间的传统管理模式 / 69

第五章　全面市场化是保险营销体制变革的必然选择 / 73

一、保险营销体制变革的宏观环境分析 / 75
二、总结保险业发展中的问题，统一全面市场化的变革共识 / 77
　　（一）我国商业保险和社会需求之间的差距分析 / 77
　　（二）坚信中国商业保险未来发展的巨大空间 / 81
三、保险营销体制全面市场化的发展趋势判断 / 86
　　（一）市场经济对人类社会的重大影响 / 88
　　（二）保险中介在保险营销体制变革中的价值分析 / 90
四、全面市场化变革的宏观层面建议 / 92
　　（一）政府应加大政策扶持力度，全面提升变革效率 / 93
　　（二）着力营造有利于保险营销体制变革的外部环境 / 94
　　（三）着力推动中介市场的结构调整和产业升级 / 96
　　（四）调整监管的目标和职能，适应快速发展的保险市场 / 99
五、全面市场化变革的微观层面建议 / 100
　　（一）保险企业应加快推动部分营销精英的转制工作 / 100
　　（二）改革应充分尊重营销员的合理诉求，力求多赢 / 102
　　（三）保险企业应及时转变传统的营销管理模式 / 104
　　（四）健全培训体系，强化执行常态培训流程 / 104

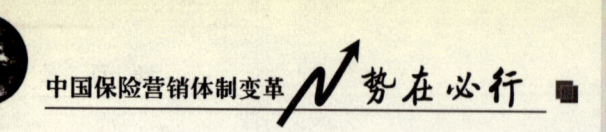

（五）保险企业应对内部人力资源实行全面精简和优化 / 105

六、提高未转制人员在过渡期内部分险种的前期佣金收入 / 106

七、由内而外全面推进保险文化建设 / 111

（一）加强保险文化建设的自觉、自强和自信 / 112

（二）制度化、长期化推进保险文化建设 / 113

（三）加强保险企业内部管理的诚信文化建设 / 113

（四）坚决清理营销职场内急功近利的营销文化 / 115

第六章 坚定信念，合力推进体制变革顺利进行 / 117

一、政府和监管部门对变革的重视程度，是成功与否的关键 / 119

二、坚定全面市场化变革方向，着手保险"大中介"体制探索 / 124

（一）"天平模式"等所带来的可借鉴意义 / 124

（二）市场的力量是推动保险"大中介"体制变革的核心动力 / 126

三、顺势而为，果断抓住保险营销体制变革的良好机遇 / 127

（一）防止"求稳"成为拖延变革的理由 / 129

（二）保险营销体制变革，是不可阻挡的历史潮流 / 132

参考文献 / 135

附录：保监会关于保险营销体制改革的发文及其他 / 143

附录1：关于规范代理制保险营销员管理制度的通知 / 145

附录2：关于改革完善保险营销体制机制的意见（征求意见稿） / 148

附录3：关于加强和完善保险营销员管理工作有关事项的通知 / 160

附录4：关于改革完善保险营销员管理体制的意见 / 165

目录

附录5：关于贯彻落实《关于改革完善保险营销员管理体制的意见》的通知 /168

附录6：关于坚定不移推进保险营销体制改革的思路和措施（征求意见稿）/170

附录7：关于坚定不移推进保险营销员管理体制改革的意见 /176

附录8：2007年致中国保监会的一封信：我们是社会的"另类"吗？/180

附录9：保险 是一种力量（诗一首）/185

后　记 /189

第一章
我国保险营销体制概况

◇ 我国对保险代理人的法律定义和解释

◇ 保险营销体制在我国的发展沿革

◇ 保险营销体制对寿险业发展的价值贡献

◇ 我国寿险营销体制的管理模式

保险营销体制是指保险公司采取何种营销渠道，以及基于这种营销渠道而采取的成本、效益控制、公司形象宣传和对营销队伍管理的相关制度设计和安排。

我国目前的保险营销体制近 90% 主要体现在寿险公司。因寿险公司在引进保险营销这一体制时，对其理解的深度，以及在实际运用中采取的一系列本土化改进措施，最为彻底和成功。剩下的 10% 左右，基本都在部分财险公司和银保、团险渠道。而这几个渠道对保险营销体制的运用，依然停留在部分形式的借鉴表层，没有形成完整的系统引进。所以，在本书所提及的有关保险营销体制改革中，将主要以寿险公司的经营模式和相关数据为依据。

一、保险营销体制的类型

从保险营销人员和保险公司的关系来看，保险营销体制主要有三种，即直销制、中介制和营销员制。

（一）直销制

直销制是保险公司利用其雇佣从而支付工薪的雇员向保险客户直接提供各种保险产品的销售与服务的制度安排。在直销制下，营销人员本身是

公司的员工。

采取直销制进行展业具有以下优势：（1）营销系统的维持费用较低；（2）业务的获取成本相对较低；（3）由员工代表公司直接与客户接触，有利于宣传公司形象；（4）欺诈得到一定程度的降低；（5）客户资源得以有效控制。

然而，在这种营销体制下，受制于保险公司有限的员工数量和海量客户的矛盾，在实施的过程中出现了以下几点不足：（1）能提供的服务数量有限；（2）囿于时间和精力，与客户的联系难以做到及时和密切；（3）员工的激励和进取意识存在一定程度的不足；（4）需要从保险公司的层面来进行客户信息收集整理和分析，而不是由员工直接来做，工作效率较低；（5）公司的用工成本较高。

直销制依然被一些国家或地区的寿险公司所采用并不断改进。下面主要介绍日本和中国台湾的寿险公司有关直销制的基本做法。

1. 日本的寿险直销制介绍

日本寿险业普遍采用"直销制"模式。要成为寿险营销员，须参加日本寿险协会举办的"一般课程考试"（销售资格考试）。考试合格并在监管部门登记后，寿险公司可与其签订劳动合同，营销员也就成为公司的正式员工。营销员的工资由两部分组成：一部分是固定工资，一部分是与营销业绩挂钩的浮动工资。除工资之外，营销员还享受社会保险、公司各项福利待遇的制度。

日本对营销员销售行为的管理采取监管部门指导和行业自律相结合的方式。日本的《保险业法》对"保险销售人登记义务、促销宣传材料、禁止非法推销行为"等进行了具体规定。监管局在对各寿险公司进行指导的

同时，要求生命保险协会加强维护保险销售秩序，充实营销员教育制度，提高营销员的整体素质。

2. 台湾地区的"直销制"

台湾地区的一些寿险公司采用的是"直销制"。营销员可以成为公司的正式员工，以公司员工名义直接从事寿险产品的营销活动，但存在竞争和门槛的相关要求。寿险营销员需通过台湾寿险同业公会举办的资格考试，在公会登记，与公司签订合同后，才可以从事营销活动。公司与营销人员签订的合同分为两种。刚进入公司时，与公司签订的是代理协议，称为"一般业务员"，所得报酬为佣金，根据其开展业务情况获得，不享受公司的福利待遇；当营销业绩达到一定水平后，寿险公司才与其签订劳动雇佣合同，营销员成为公司的员工，享受福利制度，工资为固定工资（最低基本工资）与浮动工资之和。若营销员在一定期间业绩持续未达到一定水平，公司也可将其降为一般业务员。

（二）中介制

保险中介制是利用保险代理人和保险经纪人等中介组织推销保险的制度安排。在该制度下，保险代理人和保险经纪人的身份并不是寿险公司的雇员，而是根据合同在寿险公司的授权范围内进行营销活动。他们没有签订合同权、代签合同权、收取保费权、接受告知权等。

中介制具有以下几点优势：（1）可以充分利用中介的社会关系和销售网络，尽量扩大保险供给；（2）能省去许多中间业务程序与手续，效率较高；（3）间接地起到广告宣传作用。

但中介制也存在以下一些缺点：（1）成本较高，如代理人不断向保

险公司施加压力,要求第一年支付大部分佣金,加大了保单早期费用;(2)有时会出现中介人的联合欺诈行为,不利于维护保险公司良好的商业信誉;(3)保险人不能有效地控制保险市场,不易牢固地掌握潜在客源;(4)不利于保险人对保险市场的具体分析与控制。

中介制包括了保险代理人制度和保险经纪人制度:

1. 保险代理人制度

代理人按照契约为保险公司代理保险业务。其收入主要来自保险合同的佣金。保险公司无需为其办理社会保障方面的相关事务。但在美国,许多保险公司迫于工会压力或其他原因,除佣金、奖金、管理津贴外,还为营销员缴纳社会保险金,并提供如补充医疗保险和补充养老保险等福利。

在实践中,保险代理人可以分为多种类型。按照代理关系分类,保险代理人又可分为专属代理人和独立代理人。

专属代理人是指专门为一家保险公司代理保险业务的单位或个人。在专属代理人制度下,保险公司保留其占有使用和控制保单记录的权利。专属代理人是欧洲国家寿险市场上占主导地位的销售渠道,只是各国的称呼略有不同。在意大利,他们被称为独家代理人,在英国则称为公司代理人。

独立代理人是指能独立地同时为多家保险公司代理保险业务的代理人。独立代理人可以签发保单,收取保险费,并有招揽续保的独占权力,美国的财产保险和责任保险大多采用独立代理人制度。独立代理人可以以个人身份展业,也可以加入保险代理公司,从而以保险代理公司雇员的身份展业。

2. 保险经纪人制度

经纪人是为买卖双方提供合同成交机会，撮合成交并收取酬金的人。从法理上分，经纪人是以自己的名义实施法律行为，代理人则是以被代理方的名义进行民事活动。保险经纪人是指基于投保人的利益，为投保人与保险人订立保险合同提供中介服务，并依法收取佣金的单位。简言之，保险经纪人就是被保险人的代表，为被保险人办理一系列保险手续，充当被保险人的顾问。

虽然保险经纪人与保险代理人一样同为中介人，但其与保险代理人又存在一定的区别，其主要特征表现在以下几方面：

第一，保险经纪人不是保险合同当事人，其仅为投保人与保险人订立保险合同提供的中介服务，即为投保人、保险人提供签约机会和充当签约媒介，传达双方的意思，促成双方完成签约。保险经纪人不能代保险人订立保险合同，这是与保险代理人身份最明显的区别。

第二，保险经纪人必须是经保险监管部门批准设立的有限责任公司。就是说保险经纪人必须是一个单位，而不是指一个人。保险经纪人必须在经纪人有限公司执业，而不能以个人行为从事经纪人活动；而且保险经纪人必须是依法成立的，不经监管部门批准，任何单位和个人不得从事经纪人活动。

第三，保险经纪人以自己的名义从事中介服务活动，承担由此产生的法律后果。投保人或保险人虽然是保险经纪人的委托人，但对保险经纪活动并不承担责任。

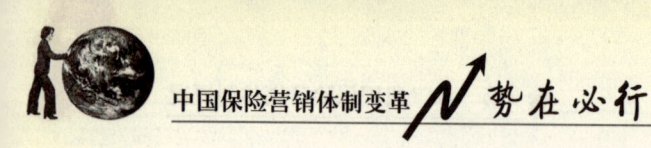

（三）个人代理制的营销理论

个人代理制的营销理论源头来源于委托代理理论。上世纪 30 年代，美国经济学家伯利和米恩斯因为洞悉企业所有者兼具经营者的做法存在极大的弊端，于是提出"委托代理理论"，倡导所有权和经营权分离，企业所有者保留剩余索取权，而将经营权利让渡。

委托代理理论是过去 40 多年里契约理论最重要的发展之一。它是 20 世纪 60 年代末 70 年代初一些经济学家深入研究企业内部信息不对称和激励问题发展起来的。委托代理理论的中心任务是研究在利益相冲突和信息不对称的环境下，委托人如何设计最优契约激励代理人。

委托代理理论是制度经济学契约理论的主要内容之一，主要研究的委托代理关系是指一个或多个行为主体根据一种明示或隐含的契约，指定、雇佣另一些行为主体为其服务，同时授予后者一定的决策权利，并根据后者提供的服务数量和质量对其支付相应的报酬。授权者就是委托人，被授权者就是代理人。

委托代理理论的主要观点认为：委托代理关系是随着生产力大发展和规模化大生产的出现而产生的。其原因一方面是生产力发展使得分工进一步细化，权利的所有者由于知识、能力和精力的原因不能行使所有的权利；另一方面专业化分工产生了一大批具有专业知识的代理人，他们有精力、有能力代理行使好被委托的权利。但在委托代理的关系当中，由于委托人与代理人的效用函数不一样，委托人追求的是自己的财富更大，而代理人追求自己的工资津贴收入、奢侈消费和闲暇时间最大化，这必然导致两者的利益冲突。在没有有效的制度安排下代理人的行为很可能最终损害委托人的利益。而世界——不管是经济领域还是社会领域——都普遍存在着委托代理关系。

(四) 我国对保险代理人的法律定义和解释

根据我国《保险法》的规定，保险代理人是根据保险人的委托，向保险人收取代理手续费，并在保险人授权范围内代为办理保险业务的机构或个人。一般具有如下特征：（1）保险代理人是根据保险人的委托从事保险代理活动的，因而保险代理人的活动代表保险人的利益，其法律地位等同于保险人；（2）保险代理人的业务经营活动及权限通常在保险人与代理人之间签订的代理合同或授权契约中予以规定，其业务活动一般包括招揽与接受保险业务、收取保费、勘察业务、签发保单、审核赔款等；（3）保险代理人的代理手续费来自其收取的保费，按代理合同或授权契约中规定的比例提取。保险代理人并非任何组织或个人都有资格担任，必须符合法律规定的有关条件，经考核和保险监管部门批准，方能取得从业资格。保险中介市场上常见的保险代理人有专业代理人、兼业代理人和个人代理人。专业代理人是指专门从事保险代理业务的保险代理公司，我国法律规定保险代理公司的组织形式必须是有限责任公司。兼业代理人是指接受保险人的委托，在从事自身业务的同时，指定专人为保险人代为办理保险业务的单位。兼业代理人主要分布在城镇地区的不同行业和部门。作为个人，也可以从事保险中介业务，但必须是根据保险人的委托，向保险人收取代理手续费，并在保险人授权范围内代为办理保险业务。

二、保险营销体制在我国的发展沿革

保险营销队伍对我国寿险业的发展壮大功不可没。特别是在代理制基础上演变而来的营业部制在各寿险公司全面推广应用之后，寿险业的规模和效益开始突飞猛进。

1992年，友邦保险公司将代理人营销制度引进上海。据不完全统计，

1993年友邦上海分公司只有300余名保险营销员,到1995年年底增加到1.2万人。后来,这一营销模式,在我国得到迅速发展。截至2010年的近20年里,该营销制度催生出了一支329万人的营销大军。2010年,我国保险营销员共实现保费收入4682.08亿元,占总保费收入的32.29%。其中寿险营销渠道的保费收入为3587.52亿元,在人身险总保费中的占比高达33.8%。2011年年报显示,新华保险通过保险营销员渠道的保费收入为358.7亿元,占比37.8%。同期,中国人寿的个险保费收入1556.2亿元,渠道占比49%左右。

有报道显示,1994年年底到1995年年初,改革开放前沿的深圳和珠海的保险业即借鉴了友邦的营销体制。1996年,以中国人寿为代表的中资公司开始全面引进个人代理营销体制。自此,这一全新的保险营销体制很快就成为了中国寿险业的主渠道销售模式,中国寿险业加速驶入"快车道"。寿险营销制度扩张的速度,与其他任何一种行业相比都是惊人的。与寿险营销队伍壮大相对应的是,在2003年前,年平均保费总收入中的40%是通过寿险营销员实现的。值得关注的是,近年来,不少财产险公司和其他行业也开始借鉴并不断健全完善个人营销制度。

三、保险营销体制对寿险业发展的价值贡献

中国保险业以1992年引进保险营销体制为界,至今已有近20年的发展历程,见证了保险营销制度的巨大贡献,也见证了中国保险业发展的"黄金时代"。1992年以前,中国保险处于产寿险混业经营时代,保险产品的销售方式一直以"人保模式"为主,即主渠道、广代理,通过大力发展行业兼业代理和农村代办来拓展保险业务。保险营销制度的引入,革新了保险经营的传统落后观念,改变了保险公司固守的传统业务模式,也推

动了寿险业实现跨越式增长，进而改变了我国保险市场的格局。

1997年寿险保费收入首次超过同期产险保费收入，在总保费收入中的占比稳步上升，至2003年寿险保费收入已达3011亿元，占同期总保费收入的77.6%，寿险密度233元，寿险深度2.58%。2001年全国保费收入只有2109亿元，保险资产总额4591亿元，截至2011年底，保险业资产总额上升到6.01万亿元，全国原保费收入高达1.43万亿元，这一数据是改革开放之初的3000多倍。

截至2011年年底，全国共有保险营销员335.74万人，其中寿险营销员289.09万人。保险营销员共实现保费收入5469.89亿元，占全国总保费收入的38.15%。其中寿险营销员实现人身险原保费收入4266.72亿元，在人身险总保费中的占比高达43.89%。由于保险营销体制的建立，2001年到2010年，10年间中国的保费以年复合增长率27.3%的速度保持高速增长。保险深度上升至3.65%，密度达到1083.4元，总保费收入跃居世界第七。事实证明，20年来，保险营销体制为我国的保险业，特别是寿险业的发展，以及服务经济社会做出了突出的贡献。

但是，值得注意的是，近几年来，寿险代理人对保险业绩的贡献呈下降趋势。据孙树垒等通过整理的2008年、2007年和2006年《中国保险年鉴》的三年数据，计算得出个人保险代理人在2006年和2007年两个年度的规模弹性，即个人保险代理人数量每增加1%所带来的收入或效益变动百分比。通过从各种保费收入指标的增长率与个人代理人的增长率比较发现，各种保费收入的增速抵不过个人代理人的增速。也就是说，近几年，保险营销员的销售效率是呈现下降趋势的。主要表现为规模收益递减：2006年，每增加1%的个人代理人数量将使业务收入增长7.16%。而2007年，每增加1%的个人代理人数量使业务收入增长率降为1.6%，降幅高达

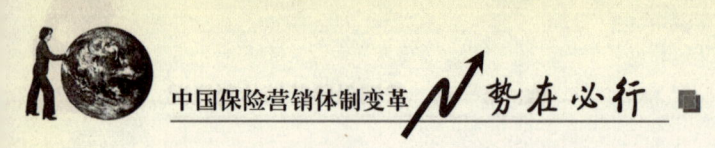

450%。也就是说,个人代理人的总体平均收入水平呈逐渐下降趋势。

四、我国寿险营销体制的管理模式

自 1996 年起,我国的寿险企业在借鉴美国友邦营销管理模式的基础上,结合台湾和香港的管理模式,在不长的几年内,迅速形成了一个使寿险营销团队能够快速扩张,进而带动保费规模迅速增长的管理模式。这一模式,18 年来,随着寿险市场的发展和竞争主体的增加,其核心的管理思维和利益分配模式基本没有太大的变化,只是分配利益蛋糕的切割方式各家略有差异而已。其主要的管理模式设计如下:

(一)金字塔式组织晋升的团队架构

一般分为营销员、营销主任或组经理、营销处经理、营销部经理、营销区经理或营销总监五级。各家公司不同层级的名称各有差异,每一层级的再次划分各有不同。层级分类 3~6 级不等,大多为 5 级制,形成一个稳固的、金字塔式的血缘伦理组织架构。每一层级要求的人数及相关各类考核指标也不尽相同,但总体设计思路一致,差异不大。各层级人员的晋升按所在层级的相关考核要求逐级晋升;团队发展达到一定规模和相关考核指标,即可独立成立营销部,直接面对保险公司的四级管理机构;层级越高者,从利益分配设计的理论上来说,管理津贴类的收入及福利就越高,从而形成一个激励性强、清晰指引个人和团队明确向上的发展目标。

(二)新颖的薪酬激励机制

佣金制的收入方式是营销体制的一个核心基础,对营销队伍的发展壮大和营销员的展业积极性调动发挥重要的作用。每一个人的潜能在这种公

平的制度设计下，都能得到最大的挖掘和释放。就保费的佣金而言，无论职级高低，成为正式营销员后，其佣金比例都是一样的。不同的产品、不同的缴费期限和不同的缴费方式，其佣金各不相同。一般而言，新单和缴费期长的保险合同佣金较高，为首年度保费的 15%～35%之间，续佣则逐年大幅递减，一般可持续 2～5 年不等，长的达到十年。很多个人绩效好的营销精英，连续几年下来，不算首年新单保费所产生的佣金，其续期佣金的逐年累加，就是一个可观的数字。这种薪酬设计方式所采用的预扣投保人后期保费的佣金方式，极大地激发营销员不断开拓新市场的潜能，同时对营销队伍的稳定也起到了一定的积极作用。

（三）独具特色的营销文化

自从保险营销引进中国以后，带来了令人耳目一新的管理模式。国内的寿险业开始纷纷仿效，引进台湾、香港和国外的保险营销体制，建立了独具特色的营销文化。到目前为止，营销文化已渗透到整个保险业，职场建设、晨会制度、团队精神、考核晋升、竞赛达标等震撼人心的效果和强烈的激励作用，使营销文化已成为保险业独具特色的文化。

第二章
保险业快速发展所带来的体制性矛盾

◇ 保险营销市场发生的一系列变化

◇ 营销队伍的整体专业素质不高

◇ 高流失率导致服务质量下降

◇ 营销员的社会诚信度和认同度下降

第二章 保险业快速发展所带来的体制性矛盾

保险营销制度自上世纪 90 年代引入我国以来，虽然在促进保险业快速增长等方面发挥了重要作用。但是，随着经济社会环境的不断变化发展，保险业也伴随着经济的高速发展进入了新的历史阶段。保险营销管理中的一些体制机制性矛盾和负面效应开始显现：管理粗放、大进大出、素质不高、关系不顺等问题越来越突出，保险营销渠道也随之出现了一系列较大的变化。

一、近年来保险营销市场发生的一系列变化

随着我国近年来宏观经济环境的变化，金融领域也发生了相应的变化。作为金融支柱产业之一的保险业也处于变化之中。尤其是保险营销领域的变化，已引起了社会各界越来越多的关注，这个变化主要体现在以下几点：

（一）营销员保费收入的数据变化

2011 年，我国共实现保费收入 14339.25 万亿元，同比负增长 1.3%。人身保费收入 9721.43 亿元，同比下降 8.57%。其中人身险的寿险保费收入 8695 亿元，同比下降 10.16%，在人身险保费收入中的占比较 2010 年同期的 91.04%下降至 2011 年的 89.45%。近几年，保险业面临的寿险营

销效率低下的问题日益严重。经过了前期快速成长阶段后，近年来，国内寿险市场各家公司的营销效率大都陷入了低迷状态，通过营销员渠道获取的保费收入占比不断下降。

截至 2010 年年底，全国共有保险营销员近 330 万人，其中寿险营销员 287.9 万人，产险营销员 1.9 万人。保险营销员实现保费收入 4682.08 亿元，占总保费收入的 32.29%，与 2009 年同期的 37.06% 贡献比，降低了 4.77 个百分点。

根据保监会公开统计数据显示，2005~2010 年寿险营销员的渠道保费收入占人身险总保费的比例呈持续下降趋势。2005 年为 48.5%，2006 年为 53.9%，2007 年为 51.5%，2008 年为 36.0%，2009 年为 39.4%，2010 年降为 33.8%。

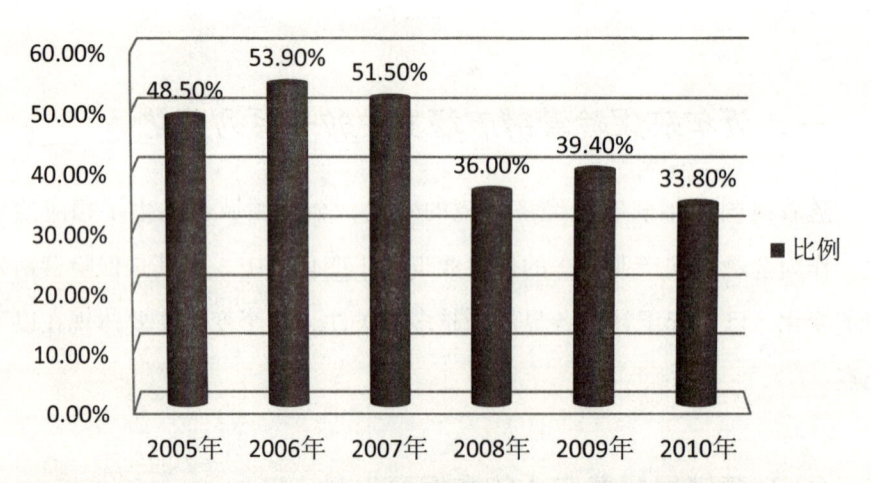

图 2-1 2005~2010 年寿险营销员渠道保费收入在人身险总保费收入中的占比

资料来源：根据保监会统计数据整理。

以上数据显示，近年来虽然营销员总保费收入逐年增加，但人均产能并未提高，营销员人均保费呈现出一定的波动性。这也说明，总保费收入的增长主要靠人力增长的拉动，而非人均产能的提升。这一点在寿险领域

体现得尤为明显。

（二）退保率及保障型险种的占比变化

根据保监会发布的数据显示，2011年前三季度，寿险业实现保费收入7779亿元，同比下滑7%，退保率上升3.14%。根据国寿、平安、太保的三季报，三家上市险企前三季度的退保金合计高达379亿元，同比增幅超过50%。

2011年上半年，中国寿险业保费收入为5153亿元，其中分红险保费收入占比达91.6%，保障功能较强的传统寿险占比只有8.4%。

（三）保险营销员人数的变化

2010年，中国寿险业排名前7大保险公司共减少营销员15万人。调查显示，2009年12月、2010年12月和2011年8月，大连地区保险营销员数量分别为32184人、31248人、29498人，营销员逐年减少。2011年1~8月间，大连市寿险业入职人数为8890人，离职人数为9829人，营销员净流失的情况明显。自2010年起，全国多家寿险公司出现增员难现象。中国人寿2011年半年报显示，营销员总数为66.2万人，较2010年同期的73.6万人减少了7.4万人，同比下降了10.05%。寿险行业营销员13个月的留存率不到30%，36个月的留存率不到15%。

（四）保险营销员收入的变化

据《证券时报》2011年10月27日报道，2006年寿险营销员年佣金收入为17953元，同时期的制造业、建筑业、批发零售业、住宿和餐饮业年工资收入分别为17966元、16406元、17736元和15206元，寿险营销

员佣金收入在上述五大行业中排名第二。至 2010 年，寿险代理人年佣金收入为 16376 元，而同时期的制造业、建筑业、批发零售业、住宿和餐饮业年工资收入分别为 30700 元、28127 元、33520 元和 23812 元。寿险营销员的佣金收入在上述五大行业中不仅排名垫底，甚至出现了下滑的情况。2010 年，我国城镇在岗职工年平均工资 37147 元，寿险营销员的年佣金收入连这个平均工资的一半都达不到，只有 44.08%。

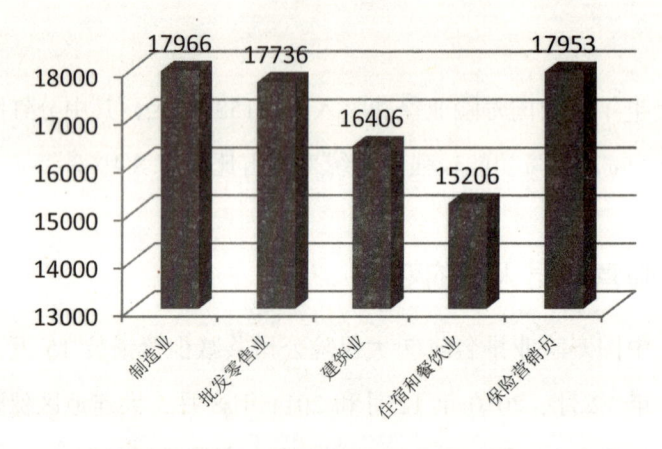

图 2-2　2006 年保险营销员与其他行业收入对比图

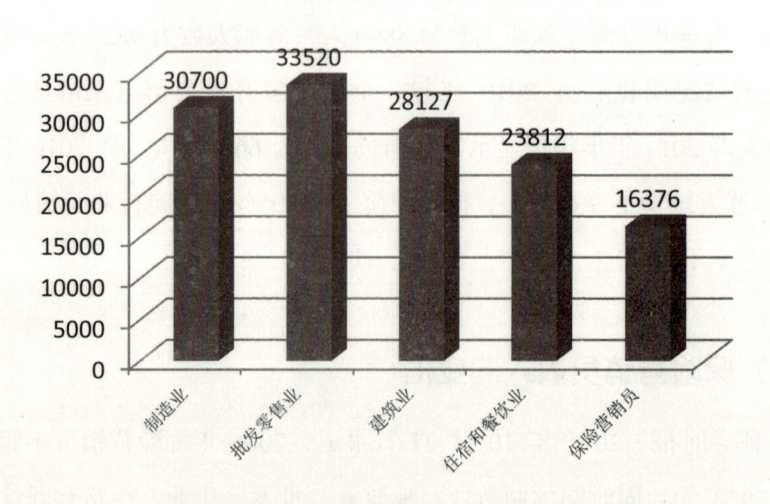

图 2-3　2010 年保险营销员与其他行业收入对比图

资料来源：《证券时报》2011 年 10 月。

二、营销队伍的整体专业素质不高

市场普遍反映保险营销员的整体素质不高，且近年来呈下降趋势。特别是售后服务与售前服务质量差距明显，另外，从业的专业水平无法适应消费者日益增长的服务要求。

三、大进大出的高流失率导致服务质量下降

越来越高的流失率导致保险公司对客户的后续服务质量降低。2007年6月，中国保监会与美国寿险营销调研协会（LIMRA）合作，在北京、上海、广东和四川四个地区进行了对"保险营销员看法"的抽样问卷调查。在此之前的2006年，LIMRA在香港地区也进行了同样的抽样问卷调查。

在"对保险营销职业和保险公司的忠诚度"这一项调查中，有近三分之二（63%）的保险营销员从事保险营销工作时间为三年或三年以下，只有8%的营销员从事保险营销工作时间达十年或十年以上。其中近四分之三（72%）营销员在当前公司工作的时间平均仅为2.9年。而香港有高达30%的保险营销员从事保险营销工作达十年或十年以上。其中超过64%的保险营销员在当前公司工作的时间为三年或三年以上。而我国目前保险营销员的13个月留存率仅为30%左右。国内现在的330万营销员，按这个淘汰率粗略估算，16年里约有3500万人从事过保险营销工作。

据2010年5月《财经国家周刊》报道，平安某分公司13个月的留存率仅为23%。业内人士认为，平安的这个水平基本代表了业内的状况。而日本索尼人寿保险公司的代理人12个月的留存率高达90%，36个月的留存率达到85%。2009年美国12个月的留存率达到80%以上。

四、营销员的社会诚信度和认同度下降

近年来,有关销售误导的投诉逐年上升。在 2010 年的保险消费投诉中,涉及 33% 投诉为销售误导。2009 年,重庆保监局在对有退保经历的人员调查中发现,43% 因营销员误导而退保,33.3% 因购买后感觉不适用而退保,只有 21.2% 是因为经济困难而退保。

"销售误导",根据周英、夏智华在《经营风险管控》(2011)一书中的解释,主要指销售人员在销售过程中通过与事实不符的陈述,导致客户的认知和理解存在偏差,做出非本人意愿的决定。

2012 年 1 月 7~8 日,北京召开了全国保险监管工作会议。刚履新不久的中国保监会主席项俊波为 2012 年的保险业发展定调:抓服务、严监管、防风险、促发展。他指出 2012 年保监会将会加大整顿市场力度,向一些积弊已久的问题开刀,做几件群众热议的实事。首先要解决车险理赔难、寿险销售误导这两大焦点问题。项俊波主席一针见血地指出,一直以来,保险业声誉不佳,形象不好的问题比较突出。主要表现为"三个不认同":一是消费者不认同,二是从业人员不认同,三是社会不认同。针对以上现象,项俊波主席要求,2012 年保险监管工作要下决心、动真格、出重拳,打一场整顿治理的攻坚战。要让理赔难、销售误导成为过街老鼠——人人喊打。项俊波主席之所以将销售误导列为 2012 年保险监管的攻坚战之一,原因主要是近年来社会对保险业的公信力在逐年降低,保险业的社会形象也随之下降。尤其是营销员的脱落率增加、误导销售、管理粗放、大进大出、关系不顺等管理中的一些体制机制性矛盾开始集中显现。

第三章
保险营销体制矛盾形成的深层次原因分析

◇ 营销员的法律身份二十年一直悬而未决

◇ 保险企业的管理面临难以突破的瓶颈

◇ 保险业的保守观念和利益驱动使体制变革困难重重

◇ 监管部门、企业片面强化监管和惩治的作用

第三章 保险营销体制矛盾形成的深层次原因分析

我国保险营销体制长期以来所形成和累积的各种问题，既有市场发展的原因，也有政策指导和保险企业的经营战略原因；既有保险企业针对营销团队所采取的管理模式问题，也有在体制引进后所采取的一成不变的制度设计问题，以及这种制度设计与营销团队的实际需求严重脱节的深层次问题。

一、保险营销体制矛盾集中体现的深层次原因分析

分析保险营销体制问题存在的深层次原因，是我们透过表象看本质的根本目的，也是下一步制订保险营销体制变革方案的前提条件和理论依据。只有把深层次问题的根源找到并理清，所制定的解决问题方法才具有较强的科学性和针对性，才能真正地解决问题，切实推动行业继续向前发展。

（一）营销员的法律身份二十年一直悬而未决

一直沿用至今的保险营销制度从《保险法》的角度来看，营销员并不具备《保险法》所规定的从业资格，因为他们没有从工商部门取得保险代理业务的经营许可证。从《劳动合同法》的规定和要求看，保险营销员是保险公司招聘的代理人，按代理合同的一系列要求，营销员为保险公司推

销产品，必须接受保险公司的系列培训、考勤和考核，这些都已经构成了事实劳动关系，但是保险公司和营销员之间签订的却是委托保险代理合同，而不是劳动合同，保险营销员作为劳动者的合法权益就无法得到保证。而从工商部门的登记管理要求来看，保险营销员没有办理相关的工商登记手续，领取经营许可证，就没有从事独立代理保险的权限。这种用工方式违反了《保险法》、《劳动合同法》以及工商登记管理规定，根本不利于政府监管部门依法行政管理。

现行的保险营销体制，不仅已经成为阻碍保险业发展的主要瓶颈，更重要的是在保险公司和营销员之间所签订的"保险代理合同"中，多处违背了我国现行的《合同法》和《劳动合同法》中"应当遵循合法、公平、平等自愿、协商"的立法宗旨，多处与现行法律相抵触，侵犯了广大营销员的合法权益。在一个法治社会，这种现象得以公然地在全国性长期存在、维持，甚至还有变本加厉的趋势，确实让人震惊和费解。

在"保险代理合同"中，充斥着大量侵犯营销员权益的不公平条款，多处存在严重的权利和义务的不对等关系。如对营销员执行的活动管理扣款以及各种违反规定的处罚、随时不付任何代价的解约等内容随处可见。因此，部分保险公司以种种理由和借口，克扣、挪用营销员佣金的现象屡见不鲜。合同中，营销员承担了众多的违规违约责任，而保险公司则强势利用这一格式化条款，毫无协商余地地将自己某些应尽的义务、职责转嫁到营销员身上。从2008年实施的《劳动合同法》来看，由于双方没有签订劳务用工合同，所以保险公司可以不按劳动法相关规定，由用人单位为员工购买法定社保等员工享有的一系列法定权益和福利待遇。各保险公司和政府主管部门，从未引导和推动营销员队伍合法成立自己的工会和职工代表大会组织，并形成一套制度化的运行机制。那么，按《劳动合同法》的规定，营销员和保险公司之间就协议书相关内容，来进行平等协商解决

问题就无从谈起，二者之间的关系日趋紧张也就不足为奇了。

这种久拖不决的模糊法律身份，也是导致保险营销员的诸多切身利益得不到起码保证的根源。例如，除收入较多的营销员要按规定缴纳个人所得税以外，还要缴纳 5.5%的营业税及附加（虽然 2011 年营业税的起征点上调至 2 万元，大部分营销员获得免缴，但部分营销精英和主管仍然需要缴纳）。社保的缺失导致营销员长期面临"卖保险的没有保险"的尴尬，随着年龄的增加和健康状况的下降，他们无不为自己的未来日益担忧。虽然在保监会的要求下，各家保险公司也为营销员能享有社保提供了一些渠道和途径，但最终都要求营销员自己全额支付保费，有的地区甚至还要求营销员在承担保费的前提下，每月再额外支付一笔管理费给所代办的企业和机构。事实上，大多数营销员对这种状况依然是很不满意的。

其实，保险企业应该知道，全国三百多万营销员，他们也是温家宝总理所指的"让全体人民老有所养、病有所医、住有所居"里的合法公民。一个让员工没有归属感和良好保障的企业，想让员工始终保持高度的荣誉感和忠诚度，永远只能是一厢情愿，自欺欺人罢了。所以，以人为本，不能只停留在口头上。一个人的职业生涯，没有几个二十年，企业要想发展，就要拿出真金白银的诚意来；企业要想基业长青，尤其处于行业的转型期，就更要有和营销员共克时艰的战略准备，就要有服务大局、算大账、着眼长远的格局。

（二）保险企业的管理面临诸多难以突破的瓶颈

近年来，保险企业的业绩节节攀升，似乎风光无限。但是，就在这些繁华的表象下，各大保险公司的经营都遇到了越来越多的难题。特别是经营成本的大幅上升、产品结构所导致的投资风险增加，以及营销团队的管

理矛盾升级等一系列问题一一浮出水面，使保险业的经营和管理遇到了前所未有的挑战。

1. 增员和业务推动成本大幅上升，已严重影响保险企业的正常运营

据华康保险代理的市场品牌部负责人说，保险企业通过代理人渠道要想获得 100 元的长期寿险收入，投入的初期费用可能要超过 120 元。在部分保险公司，维持长期险保费收入的各类运营成本高达新单业务的 100%以上已是不争的事实。例如，有的分公司在开门红方案中，为了实现完成任务的目标，设计的绩优奖励为奔驰、宝马轿车，金条、银条，各种实物等更不少见。例如，在 2000 年以前，很多保险公司招人根本不用给底薪。但是从 2000 年以后，随着保险市场的竞争加剧，增员难的苗头开始出现，几家大的险企率先实施给付底薪的方式来吸引新人加盟。开始时底薪为 400 元左右，随着市场总劳动力人口的减少和劳动成本的上升，到 2011 年，不止一家险企的底薪基本都上升至 2000 元左右，加上变相的各种奖励，3000 元以上的也不少见。虽说这些底薪不是无条件的，但导致的总体经营成本大幅度上升是必然的。据业内人士计算，现在培养一名合格营销员，保险公司投入的可计算财务成本至少在 5000~8000 元之间。

2. 专业化程度较高的营销员减少，已无法满足市场高端客户的需求

由于保险业长期以来实行的粗放式管理模式，在高流失率的情况下，保险业很难通过时间和市场历练来培养大批精英营销员。保险企业长期采取"人海战术"，人为降低增员门槛，使部分营销员综合素质较低，加之文化水平、社交圈子、审美品位等与高端客户不在一个水平，因此没有办法和高端客户进行深度有效的沟通，销售自然很难完成。

第三章 保险营销体制矛盾形成的深层次原因分析

据 2009 年 11 月 19 日波士顿咨询公司发布的调研报告指出，截至 2008 年年底，中国百万美元资产的家庭数量为 41.1 万户，紧随美国、日本位列全球第三。同时，报告还预测中国的财富市场未来五年内将以年均 17.2% 的速度增长，至 2013 年达到 7.6 万亿美元。另据《2011 胡润财富报告》调研报告显示，中国的千万富豪人数高达 96 万人，年增幅超过 8%。2012 年 3 月 27 日，兴业银行与胡润研究院联合发布《2012 中国高净值人群消费需求白皮书》，报告中的"高净值人群"为个人资产在 600 万元以上的人群。目前，中国高净值人群达到 270 万人，平均年龄为 39 岁。其中，亿万资产以上的高净值人群数量约 6.35 万人，平均年龄为 41 岁。他们的平均财富达到 4900 万人民币以上，平均年消费为 145 万（占平均财富的 3%）。根据他们的资产结构综合分析，除房产以外，2009 年到 2011 年有超过 50% 的资产以现金和存款的形式配置。据分析，千万富豪用于风险规划和财富管理的保险支出占比不到 1%，从资产的配置和保费支出的比例及其产生的风险保额来看，通过保险所获得的风险保障和财富管理功能都是极低且不合理的。

2009 年招商银行的一份针对高收入人群消费行为的报告指出：受到金融危机的影响，高收入人群对个人可投资资产的风险偏好以中等风险和保守居多（80%）。投资工具以股票、现金储蓄和房地产为主，保险投资所占比例很小。造成这个现象的原因很多，但很多人对中国寿险市场缺少信心，对保险产品及寿险规划缺乏科学理解和认知。持这种想法的高收入人士其实也是由于对保险价值认知有限，以及对保险营销员的诚信度和理财的专业性、服务质量充满质疑。

3. 以产品为导向的经营模式，与公众对保险功能的期望值差距较大

目前的保险市场，多家保险公司都以产品和销售为经营导向，以客户需求为导向大多仍停留在口头上。在险种结构中，分红险"一险独大"的现象有目共睹，占到近90%的比例。这里姑且不论在中国当前的投资环境和法制环境下，保险资产负债匹配（资产负债匹配包括收益匹配和期限匹配）的投资管理特征，受资本市场波动影响所带来的投资收益风险，更重要的是公众对保险的风险保障和实际防灾减损功能认知因此而大大降低。特别是近几年来，我国接二连三发生的重大灾害中，保险所体现的经济补偿功能显得十分微弱，"5·12"汶川地震、舟曲特大泥石流、云南盈江地震以及 2011 年 "7·23" 温州动车事故，保险业的赔款总额都不超过损失的 5%。相比之下，2001 年美国的 "9·11" 恐怖袭击事件发生后，美国保险业承担了所有损失的近 60%，金额超过了 1000 亿美元。在欧美发达国家如瑞士等，巨灾损失的 60%~70% 由保险赔款承担。

在重大事件和重大自然灾害中体现和发挥的保险价值，不仅是对灾害损失的一种补偿，对灾后重建工作尤其重要，特别是在人心慰抚上提供了一种最好的精神援助。同时也是普及保险知识，提升保险价值、提高保险业社会形象的最佳时机和平台。而我国在近年所发生的几次重大事故灾害中，不止一次出现了保险公司的捐款反而大于赔款的尴尬局面。其实，做好保险工作的本身就是慈善。

4. 营销效率的下降和团队发展的难度上升使保险企业的经营越来越难

据统计资料显示，2006 年，每增加 1% 的营销员数量将使保费收入增长 4%，而 2007 年每增加 1% 的营销员数量保费收入增长降为 0.7%。

2011年则降至0.5%左右。

据保监局的公开资料显示，寿险营销员渠道保费收入占人身险总保费的比例，已从2005年的48.5%大幅下降至2010年的33.8%。

现在，保险业有一个公开的秘密，就是每家企业都有"三种人力"。第一种是在保监会登记注册的已经和保险公司签订了保险代理合同的人力，业内称"在册人力"；第二种是每天能来保险公司考勤、参加早会的人力，业内称为"考勤人力"；第三种是"有效人力"，也称"实动人力"，是指达成保险公司相关阶段考核要求的人力。现在保险业真正的实动人员基本上在50%左右，有的保险公司已降至20%左右。保险企业在实施对营销团队管理时，最直接、最有效的方法就是监督团队做好"早会经营"。道理很简单，所有管理理念实施、方案政令宣导、基础活动管理、培训沟通等活动都建立在考勤并参加早会的基础上。否则企业就是想白送钱给营销员，也没有人来接受。而国内现在如此之低的出勤率，至少说明有一半以上的保险营销员已在兼职做其他工作或对行业和自己完全失去了信心。换句话说，通过实践，他们认为做保险营销不能实现他们入行时的初衷，也和他们入行时所听到招聘人员对他们许诺的"年薪十万不是梦"有很大出入，所以他们选择了不再投入时间和精力，任由其发展。结果是，这部分人陆陆续续做了一些熟人保单后就离职了，或被保险公司的考核解约而离开了。这种市场示范效应日积月累后，在社会上就慢慢形成了公众对保险企业管理松散，保险从业人员流动率高，服务没有持续性和质量保证的不良印象。

5. 企业急功近利的短视行为，导致内部动荡加剧及营销员的管理难度加大

在保险业内，一直盛行着"拼规模、抢份额、争排名、保位子"的流

行观念。"高投入、高成本、高消耗、低效益"的"三高一低"现象也由来已久。企业在对内管理上，违背市场和客观规律，不顾市场需求，不顾营销员的客户经营状况，多家公司平均每年的目标增长都设定在 20%以上。有的省、市地方管理者为了突出自己的管理能力，甚至拍脑袋决策，要求年增长 50%以上。部分公司在营销员总人数和有效人力逐年下降的情况下，不去寻找内在原因，想出有效的解决措施，反而变本加厉继续加大目标任务的下达额度。各省、地市分公司迫于无奈，只能按所下达的业务硬性分配到各基层单位，而各基层单位拿到任务后，也是如法炮制，不管团队的实际情况和接受与否，采取一切方法和手段，最后将任务分配完。以上所有的业绩分配，为了确保目标达成，必伴随着一系列达标奖励方案。方案的内容五花八门，旅游、实物、现金等无奇不有。2000 年以前大多是旅游类常规奖励，营销员参与的热情也很高，但近几年营销员参与业绩推动的兴趣逐年递减，而公司的任务仍然还在每年递增。所以，奖励的分量也越来越重，投入的成本也越来越高，导致基层公司的费用越来越紧，经营处处受制、苦不堪言。

由于各级公司在下达目标时，都无一例外地将完成任务的情况和费用奖金挂钩，完不成任务则只能拿到部分或完全拿不到费用和奖金。在这种保险业通行的考核重压之下，各基层单位为了完成任务，就无法顾及市场和客户的真正需求，以及营销员经营客户的客观情况，只要哪款险种更有利于达成目标，便集中所有资源，毕其功于一役。所以有了"开门红"、"五四联动"、"双过半"、"七八联动"、"冲考核"、"年底冲刺"等一系列贯穿全年、围绕短期目标开展的经营口号。由于短期缴费险种冲规模容易，所以投资分红类险种目前已占各大保险公司的 80%以上。这种险种结构，也使保险业的新单价值、经营费用和员工收入呈下降趋势。

近几年来，随着市场的变化和竞争加剧，基层公司完成目标任务的压

第三章　保险营销体制矛盾形成的深层次原因分析

力越来越大，上级公司的管理手段也随之不断翻新。几年前，有部分保险公司的管理层为了完成目标，确保对过程的掌控，将年度目标拆分成半年目标。后来认为不保险，又将半年目标拆分为季度目标。后来又觉得不行，再把季度目标拆分成月度目标，只要完不成季度或月度目标的单位负责人，排名后三名者必须到总公司、省公司或分公司向相关负责人进行述职、检讨，并通过视频、内网和公司文件等途径广为告知，以儆效尤。

近年来，手段又换了，变成了以周为目标经营单位，全省每周进行排名，排名靠后者同样要对上级述职和检讨。这个方法很快又被各地市分公司纷纷效仿，据说现在有的分公司已将地市和基层业务渠道的负责人的位子和业绩完成与否挂钩，时间最短的考核期只有三个月，威胁如完不成任务，立即降级、换人，导致企业内部的人际关系更加复杂，人心浮动。各地市基层单位的业务渠道相关负责人整日如坐针毡，为了任务和位子而惶惶不可终日，承受着巨大的心理压力。

当一家企业在管理中，频繁地使用人事调整这种最后的管理手段，并寄望于这种手段能使企业顺利地稳步向前时，换回来的往往是人心涣散、人才流失、凝聚力下降、管理效率下滑的结果。在这种情况下，一些决策者为了达到控制局面或一己之利的目的，便开始拉帮结派、党同伐异，此举使企业的职场人际氛围更加乌烟瘴气、人浮于事。此时，再风光的暂时性表面辉煌，都无法阻止企业一步步走向衰落的必然颓势。

不止一个地方已出现在预定完成任务日期的前几天，当某地市确认已无法完成任务而缺口又不大的情况下，公司管理层即要求公司的内部员工按不同职级自掏腰包购买保险来确保任务完成。对于不愿购买的员工，将可能面临不提拔、调岗位、优先精减等处理。各职级员工为了保住位子和饭碗，敢怒而不敢言，有人已购买多次。国内多家寿险公司管理业务渠道

33

的员工，由于没完没了的业务冲刺，一年之中，有近半年时间都没有休息日，加班成了家常便饭，甚至国家规定的法定节假日也经常被无情取消。如持有异议者，同样将被公司高层和人事部门列入"特殊人员档案"。

强制或暗示员工超时工作，甚至将员工拒绝加班视作违纪行为处理。这些做法，从法律的角度来看，它至少违反了我国《劳动法》的第 41 条规定，以及《劳动合同法》的第 4 条规定。这种管理现状使很多优秀的管理人员深为不满，他们要么选择沉默以消极应对，要么纷纷辞职、跳槽，殊为可惜。管理人员过于频繁的调整和异动，必然使企业的社会形象受损，凝聚力下降，管理效率降低，经营成本上升。

一家企业对社会的贡献和价值，一定是首先建立在这家企业对自己内部员工的真正尊重基础之上，以及建立的人性化管理和科学理性、具有前瞻性的经营理念，并形成一整套合乎人性的相容性的激励机制。当一家企业为了达到所谓的企业短期目标，而抛弃作为企业应起码遵从的职业操守和经营伦理，不择手段，甚至无所不用其极时，已昭示这家企业忘记了自己所肩负的社会责任。那么，它存在的社会价值也必将随之丧失，不可避免地将走向衰落。在这种情况下，它的存在价值和意义受到社会和政府的质疑也是必然的。

在这种急功近利所导致的变形的管理环境下，什么培养市场正确保险理念、满足客户保障需求、统筹兼顾协调发展、两条腿走路，以及营销团队的常态化培训教育、基础活动管理等等都被抛到九霄云外。营销员别无选择，只能被动接受，紧跟公司的调子走。因为公司的所有奖励方案设计、辅导支持、职场经营、管理内容和节奏安排都是以公司的阶段性目标达成而制定的，在这种情况下，营销中的种种短视行为难免就会出现。

因为这种追逐短期目标的企业行为，导致基层公司的一些管理人员不

停地被调整、撤职或离司。公司经营管理的政策持续性必然出现较大的波动，而这些波动使营销团队的成员无论在心理上还是经营上同样也承受了巨大的压力。随着新的保险主体在市场上不断出现，营销团队的挖脚、跳槽现象就变得越来越频繁。营销精英人才的大量流失，使保险企业的经营预期变得更加不确定。而不少保险企业对营销员的异动可能因为工作太忙的缘故，都表现得较为漠视。只有利益影响最大的营销团队主管们忧心忡忡，营销团队和公司之间的矛盾也因此不断增加。在这种大背景下，客户的服务质量难免不能得到保证。保险业的社会形象随之进一步下降就成为必然。营销员的诚信度下降，保险业的社会形象下降，又必然会导致行业的地位下降；行业的地位下降，增员就更加困难。此时，在职营销员的流失率就必然加大，时间一长，就形成了一个走不出去的恶性循环怪圈。

2012年7月19日的《每日财经新闻》报道，相比前几年，2011年保险营销员的数量增速明显放缓。来自保监会的公开数据显示，最近四年保险营销员的数量分别是：2011年保险营销员为335万，同比增长5.9万人；而2010年保险营销员为329万，同比增长39万人；2009年保险营销员为290万，同比增长34万人；2008年保险营销员为256万，同比增长55万人。以此计算，2011年营销员增量仅为2010年增量的1/6。

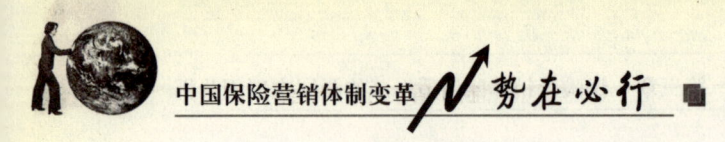

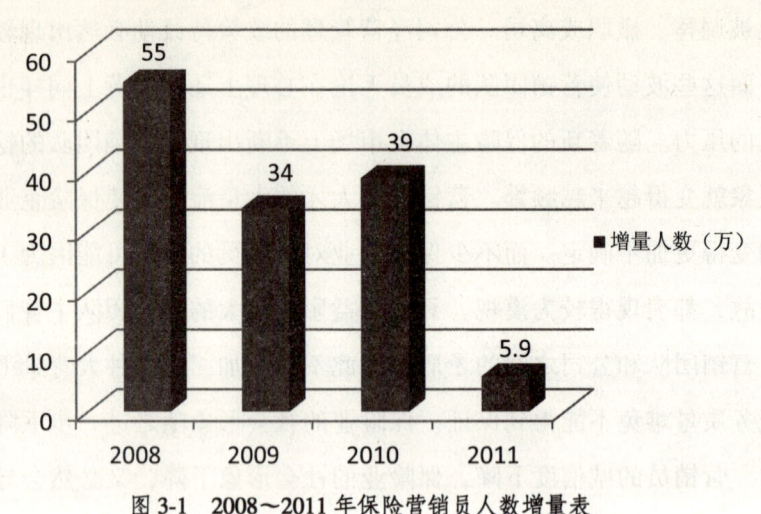

图3-1　2008～2011年保险营销员人数增量表

资料来源：《每日财经新闻》2012年7月。

6. 保险企业仅仅依靠"基本法"激励来维持营销团队的发展已力不从心

以下是一家某大型寿险公司的南方某省某分支公司，在2012年第一季度按其公司基本法考核后的相关数据：支公司的总人数为在册346人，其中主管75人，业务员271人。在此次考核中维持原职级的共29人，无一人晋升，降级主管46人，降级率61.33%。像这样的考核，每年四次，每季度一次，考核内容一般涉及三大项——直辖人力及业绩、全辖人力架构及业绩，还有续保率等。除了业绩以外，要想通过晋升获得更高的管理津贴收入（职级越高管理津贴类收入和福利就越高），就要不断地增员，而与之对应的各省、地市分公司及基层支公司，在完成上级单位的考核中，营销员的增员率也是重要的考核内容。在这种考核的重压之下，增员素质的掌控是无法得到保证的，"人海战术"就必然成为没有选择的选择。

以上面的支公司考核为例，因为增员压力太大，导致增员质量下降。

增员质量下降，流失率就必然升高。流失率升高，主管的降级率就必然上升，而主管在整个增员过程中都付出了长期大量的时间、精力和心血。而按基本法要求，每晋升上一级，达到该层级所要求的有效人力和业绩等七八个指标，有的主管要奋斗两三年，甚至三五年。然而，一旦因为某一原因达不到考核要求时，却很容易被降级，这无疑会极大地挫伤主管的增员积极性。针对这种大面积的营销主管被降级的现象，有部分营销主管甚至开始怀疑它的背后是否是保险公司的故意行为。但愿这个想法只是说明营销主管和公司之间的信任度太低，而非保险公司的真实意图。因为真是那样的话，没有赢家，保险公司必然将会失去更多。

这种制度的设计看似科学，人尽其才、按劳分配、公开公正，显得公平合理。但是，这种制度的设计忽略或回避了一个重要的事实，那就是企业对营销员的考核认同每年可以进行四次，而且考核内容完全由企业单方制定。只要没有通过考核就立刻降级，它完全不考虑在这次考核之前，营销员为公司五年、八年，甚至更长时间对公司的贡献和为市场、为企业所带来的正面意义及影响。

这种营销体制无论是哪种模式，都存在着重重考核。这些考核让营销员常年感受到巨大压力，在这种压力之下，人们就容易产生急功近利的心理，置个人素质提升于不顾，因为考核主要是考核相关业绩，而不会在乎营销人员个人素质以及服务质量究竟在怎样的层面。

这种制度设计完全以数据和当前绩效为依据，它把决定绩效背后的感情等因素硬生生地完全剥离。制度的设计者理所当然地认为：过去的利益已付清，此刻必须归零。

在这个制度设计中，营销员没有任何基本工资和社保，每月收入主要依赖无法确定的佣金。所以，现在形成的保险业增员难和留人难的局面，

其实是由市场和保险企业的双重因素共同形成的。在美国人力资源管理专家加里·德斯勒和曾湘泉主编的《人力资源管理》（2007）一书中，通过研究表明：当销售人员的收入百分之百来自佣金时，离职率是最高的；而当销售人员的薪酬采用基本工资加佣金的综合形式时，离职率将大大降低。

基本法的制度设计和思维导向，在以上的这一次考核中得以集中体现。在这种考核的背后，折射出的是保险企业的社会责任意识，也就是先给予还是先得到的选择问题。那么，在过去的二十年中，保险企业受惠于这一体制已经得到了很多，广大营销员群体已经失去了很多。如果说保险业正经历着转型期的阵痛，那么走过这个阵痛期的应该是保险企业和营销员一起来共克时艰。保险公司需及时更新观念，改变以前有业绩再给佣金的一贯做法，形成先给予营销员足够的支持再谋业绩和发展的管理思路。而不是罔顾营销员的群体利益。用一纸基本法和一次考核就让奋斗多年的营销主管们纷纷降级，因为降级就意味着：原本不多的收入和待遇将会再次大幅降低。

其实，一个行业要培养出优秀的人才需要长时间的积淀，但是，在保险营销行业，频繁的考核也是很多人才流失的原因。

近二十年不变的基本法，它已远远脱离了这个时代的要求，所以仅仅靠基本法来激励和维持营销队伍的发展，必然要成为历史。

二、保险业的保守观念和利益驱动使体制变革困难重重

保险营销体制进入中国市场后，近年来慢慢显现的一系列弊端，已引起了中国保监会高度重视。早在2002年，保监会就曾成立过工作小组，

就现行营销体制进行调研，并提出改革思路。后来，由于改革成本和阻力过大，改革没有取得任何实质性的进展，但中国保监会一直没有停止过推动保险营销体制的改革工作。

2009 年 6 月，保监会就发出了《关于改革完善保险营销体制机制的意见（征求意见稿）》；2009 年 9 月 11 日，保监会出台了《关于加强和完善保险营销员管理工作有关事项的通知》；2010 年 9 月 20 日，正式发文《关于改革完善保险营销员管理体制的意见》（以下简称 84 号文）；2010 年 10 月 13 日，紧接着又出台了《关于贯彻落实〈关于改革完善保险营销员管理体制的意见〉的通知》。

在 2009 年 6 月发出的《关于改革完善保险营销体制机制的意见（征求意见稿）》中，保监会对我国保险营销体制的改革提出了明确的改革思路和指导性框架，主要内容如下：

1. 指导思想：立足当前、着眼长远、统筹兼顾、积极稳妥、务实高效，计划用五年时间，着力建立一个法律关系清晰、管理责任明确、权利义务对等、效率与公平兼顾、收入与业绩挂钩、基本保障健全、合法规范、渠道多元、充满活力的保险营销新体系，造就一支品行良好、素质较高、可持续发展的保险营销队伍。

2．基本原则：依法有效、完善配套、监管推动、行业同步、整体规划、试点推进。

3．改革方向与基本框架：在《保险法》、《劳动法》、《劳动合同法》等行政法规的法律框架下，逐步推进各项改革进程。采取多元化的途径和渠道、创新营销模式、理顺保险公司和营销员之间的用工关系，实现保险营销体制的平稳转型。并提出四条转型途径，保险营销员可以成为：（1）保险公司的正式销售员工；（2）独立保险中介公司的员工；（3）以

保险公司为用人单位的劳务派遣公司员工；（4）符合保险法律规定的个人保险代理人。

在2010年10月发出的文件《关于贯彻落实〈关于改革完善保险营销员管理体制的意见〉的通知》中，特别强调全行业要认真贯彻落实《意见》精神，保险公司要切实转换经营理念，转变传统的粗放型发展方式，提高创新意识、积极探索新的保险营销模式和营销渠道，促进保险业升级，实现专业化经营，促进可持续发展。

从2002年中国保监会对我国保险营销体制改革的推动因阻力较大而停止，到7年后的2009年，中国保监会再度发出启动保险营销体制改革的征求意见稿。这7年时间，恰恰是中国保险市场高速发展阶段，年均增速近30%。也许，高速增长的保费规模使改革变得无足轻重，被搁置一旁。现在回头看来，这7年也是保险营销体制从量变到质变，一步步走向困境的7年。然而，因为保费的持续增长掩盖了问题的存在以及对问题的重视。2009年，当中国保监会正式提出保险营销体制改革后，在接下来的保险公司讨论和反馈中，各大保险公司对保监会提出的将保险营销员转为公司正式员工这一条意见最大。他们一致认为改革成本过大，公司无法承担。其次，认为一旦让营销员转为正式员工后，将大大弱化原有代理关系中能最大化激发营销员潜能的工作积极性，使其工作效率大为降低，管理难度增加。迫于压力，保监会在2010年9月正式下发的《意见》中，将营销员转为保险公司正式员工的建议删除。后来，保监会在下发《意见》正式文件后不到一个月时间再度发文，要求各家保险公司贯彻落实《意见》。《意见》中要求各保险公司和保险中介机构应依据我国《劳动法》、《劳动合同法》、《保险法》等法律法规，依法理顺和明确与保险营销员的法律关系，减少与保险营销员的法律纠纷，切实维护保险营销员的合法权益。第八条指出："全行业要把营销队伍稳定问题摆在改革工作

的突出位置。"

2012年4月12日，保监会办公厅再次下发《关于征求对〈关于坚定不移推进保险营销体制改革的思路和措施（征求意见稿）〉有关意见的函》（以下简称111号文），又一次将营销员体制改革的话题提到风口浪尖。

相比较2010年的84号文而言，111号文对改革的诉求已更加明确，如对形势的判断：按照2012年全国保险监管工作会议关于稳步推进保险营销体制改革的指示和主席办公会议关于认真研究营销员体制改革问题的工作要求，我会认真分析现行保险营销体制的突出问题与改革形势，提出了初步的改革思路和措施。认清现行保险营销体制存在的突出问题是下决心进行改革的前提。

111号文对市场的判断也更为清晰，如对营销员的身份认识：保险营销员没有合法明确的法律身份。保险公司将保险营销员称个人保险代理人，但是保险营销员既没有取得保险监督管理机构颁发的许可证，又没有办理工商登记，领取营业执照，因而不具备《保险法》规定的保险代理人的资格条件。保险营销员是保险公司招聘的，为保险公司推销保险产品，并接受保险公司的培训、考勤和考核，已经构成事实劳动关系，但保险公司与他们签订的却是代理合同，而不是劳动合同，保险营销员作为劳动者的合法权益得不到保障。这种用工方式违反了《保险法》、《劳动合同法》以及工商登记管理规定，不利于政府监管部门依法行政。这些现象，在法律不断完善、社会不断进步的过程中，使保险营销的体制性问题日益突出，弊端逐渐显现。

111号文还指出营销队伍组织模式和激励机制不符合有关法规要求。目前行业普遍采用寿险营销员招募制度（业界俗称的"基本法"）中，通

过"介绍加入"的增员机制，根据加入时的关系远近，建立"血缘"关系，组成"网络"，按照血缘关系近远进行复式计酬（业界称为"组织利益"），与国家工商行政管理部门认定传销行为的主要特征相似。这种"金字塔式"的营销管理组织架构和收入分配机制是营销队伍大进大出、素质低下的内在根源。

另外，111号文明确了改革的时间表，并首次提出了八点可操作的政策性改革措施。

2012年6月初，保监会又下发《关于征求对〈关于坚定不移推进保险营销体制改革的思路和措施（征求意见稿）〉有关意见的函》（以下简称《意见稿》）。

在《意见稿》中，保监会措辞严厉，"粗放营销模式成为销售误导的重要原因，严重损害保险业形象，危及行业可持续发展。部分公司长期侵占营销员权益，营销员利益诉求长期得不到解决，成为影响社会稳定的不安定因素"。

保监会在文中肯定了现行保险营销体制对保险业发展初期的推动作用后，明确指出，随着法律不断完善、社会不断进步，现行保险营销体制弊端已逐渐显现，营销员用工方式不符合《保险法》等规定，"金字塔式"的营销管理组织架构和收入分配机制与国家工商行政管理部门认定传销行为的主要特征相似。

保监会在文中明确指出，现行保险营销体制是营销员队伍大进大出、素质低下的内在根源，保险行业已步入广增员、高脱落、低素质、低产能的恶性循环。同时明确表态，保险营销体制改革符合行业发展趋势，粗放的掠夺式营销策略严重破坏行业生态环境，难以为继。

《意见稿》改革的基本思路主要有六项，主要为"将营销体制纳入合

第三章 保险营销体制矛盾形成的深层次原因分析

法轨道、强化保险公司管控责任、提升营销员素质改善形象、鼓励市场主体创新、试点先行重点突破、加强研究动态调整"。其中，对于保险公司的管控责任，将加大对保险公司因营销员销售误导和管理失控的处罚和问责力度；对于市场主体创新，拟鼓励保险公司等进行多种形式的探索和实践，以健康增量逐步稀释问题存量。

在《意见稿》中，保监会提出了六点明确的改革方向和措施。

第一，将较大力度地试点"员工制"，严格依法用工。对于保险公司与营销员的用工管理关系，保监会在《意见稿》中提出，鼓励保险公司因地制宜、因司制宜、因人制宜，有选择地与营销员签订劳动合同、劳务合同等方式，理顺双方权责利关系。并鼓励保险公司采取多种灵活形式为营销员提供基本工资待遇和社会保险，提高保险营销人员的收入保障水平。

第二，建议建立新型保险营销体系，走多元化营销模式。对于保险公司销售职能，保监会鼓励有条件的保险公司成立销售公司，逐步分离销售职能，拟通过建立新型的保险销售体系来承接现有模式。

保监会提出鼓励保险公司深化与保险中介机构的合作，建立起稳定的专属代理关系和销售服务外包模式。鼓励公司拓展网络销售、电话销售、社区门店，交叉销售等销售渠道和方式，走多元化营销道路。

保监会还提出要支持大型保险中介集团、企业开展个人寿险营销业务。加大对外开放，鼓励包括中资在内的各类资本投资设立大型保险代理公司和保险销售公司。

第三，提高保险从业人员的准入条件。保监会将报名参加保险从业资格考试的学历要求提高至大专，并借鉴日本和台湾地区经验，由行业协会研究各项关键指标，并建立行业保险营销队伍和业务质量评价体系。保监会和行业协会共同下达保险营销五年持续改善标准和改善计划，要求保险

公司报告各阶段改善进度，由行业协会组织落实，保监局监督。

对于未按期达成行业要求的公司，将进行多方位的限制，包括招聘、考试、执业登记人数、分支机构批设等方面，敦促保险公司对保险营销人员的销售资格和能力实行精细化管理。对于保险公司的培训成本，保监会提出，将敦促保险公司承担转嫁给营销员的培训、考试等相关费用，切实保障营销员的合法权益。

第四，理顺监管定位，严惩销售误导。为明确保险企业的管理责任，在文中，保监会提出尽快颁布实施《保险营销从业人员监管规定》，从制度上强化保险公司对营销员的管控责任。

保监会指出，长期以来，保险营销员的身份问题一直困扰保险监管机构。在法规中启用保险销售从业人员的概念，有利于监管部门从用工关系、利益分配等纠纷中解脱出来，通过加大对公司营销员销售误导和管理失控的处罚和问责制度，倒逼公司加强对营销员的培训和管理，提升从业人员素质，规范销售行为，维护消费者权益，为保险营销体制改革奠定制度基础。

据了解，2011年4月19日，保监会曾出台《保险销售从业人员监管规定（征求意见稿）》公开征求意见，列举了13种保险销售误导行为，首次明确了保险公司对保险营销员误导销售的管理责任，并加大了处罚力度，减少了保险消费者遭受欺诈的可能。

第五，督促建立科学的薪酬机制，规范营销员招聘制度。弱化增员激励机制，督促保险公司建立以业绩和服务质量为导向的考核机制，改变现行激励机制中重规模、轻质量的做法。引导保险公司探索扁平化管理，弱化营销团队层级管理机制，完善收入分配机制，加大对一线营销人员和绩优营销人员的投入，改变现行选聘机制中拉人头的做法。强化保险公司的

增员招聘责任，禁止营销员或营销团队自行招募营销员。

第六，设定改革时间表，明确改革总体目标。保监会提出的总体改革目标是：力争用5年左右时间，构建一个法律关系清晰、管理责任明确、权利义务对等、效率与公平兼顾、收入与业绩挂钩，基本保障健全、合法规范、渠道多元、充满活力的保险营销新体系，造就一支品行良好、素质较高、可持续发展的保险销售队伍。

和2010年的84号文相比，《意见稿》给市场带来的最大鼓舞是，调整了84号文中改革的出发点是由保险公司自主进行的改革，这种改革是一种从下至上的改革模式。由于这种改革是由各保险公司自己负责的，是一种没有约束力的方式，也可以说是一种投石问路式的改革过程，政策层面的东西较多，可操作性有限。由于没有约束性，在利益面前，各保险公司是不会放弃既得的利益，也就是说不会轻易放弃营销员这块大蛋糕的，因此，这种改革方案是一种很难实施的方案。另外，这次的《意见稿》给出了改革的时间表和总体目标。在当前的国情下，面对行业改革这一重大问题，没有政府部门的主导和顶层设计，想顺利完成改革几乎是不可能的。

目前，部分保险公司仍然观念滞后，依旧从自身利益出发，对保险营销体制改革的必要性和紧迫性认识不够。如有的公司提出营销员的规模才是公司核心竞争优势，营销业务就应当依靠"人海战术"，"有人就有业务"的观念还在盛行。他们依然相信，通过大量增员新人挖掘人情保单，等人情保单资源枯竭后，再大量地淘汰营销员的方式是可以获得保费增长的。据说，在84号文发文之前，保监会曾提出一个改革力度更大的措施和构想，并征求了多家公司的意见，还与五家大型寿险公司的一把手面谈，其中两家表示反对，两家态度相对平和，实际上也是不太情愿，仅有

一家比较支持。由此可见，此次保险营销体制的改革面临多大的阻力。

当前，如果大公司认识不转变，思想抵触，改革不积极，消极行事，必然影响到改革的整体进程，政府监管部门应予以高度重视。

对广大营销员而言，《意见稿》所释放的信息，无疑给他们带来了久违的希望。但是，他们对《意见稿》中针对此次体制改革，保监会建议保险公司成立专属销售公司的做法存在担忧，认为保险公司也许到时就是将其原有的销售部门转出而已，换汤不换药，恐将重蹈覆辙。也有业内人士担忧，若保险公司与其专属销售公司不能进行有效的切割，厘清各自利益与责任，也很难达到预期的改革目标，种种美好的设想也就是理论上的东西。

部分营销精英还担心自己转制后，所享受的底薪和福利待遇并不能体现自己的绩效和价值。也许保险公司只是"羊毛出在羊身上"地将原本就属于自己的利益换个方式给自己而已，甚至还会比以前更低。

其中，营销员对《意见稿》中提出的用五年左右时间完成保险营销员体制改革的这一点深为焦虑和不满。他们问到，早在2009年6月保监会发出的《关于改革完善保险营销体制机制的意见（征求意见稿）》中，不就对保险营销体制的改革提出了"计划用五年时间"吗，怎么三年过去了又来了个五年？我们什么时候才能熬出头啊。笔者就见到多名做了十年以上的营销精英对这个时间表深表失望，表示不会再等了，进而果断辞职。

2012年10月8日，保监会终于正式下发了《关于坚定不移推进保险营销员管理体制改革的意见》（以下简称83号文）。在83号文中既包括具体时间表（用3年时间，改变营销管理粗放、队伍不稳、素质不高的现状；用5年时间，让新模式和新渠道市场比重大幅度提升；最终要造就一支品行良好、素质较高、可持续发展的职业化保险销售队伍），也包括没

第三章　保险营销体制矛盾形成的深层次原因分析

有"一刀切"（全部要求转成员工制），尊重历史包袱，鼓励探索保险营销新模式、新渠道，同时强化了保险公司对营销员的管控及培训责任。

不可否认的是，83号文是开放的、温和的（尤其是与之前的征求意见稿相比），但也在一定程度上体现了监管层的决心，因此得到了绝大多数市场主体的支持。应该说，这种温和并不是妥协的结果，而是更尊重市场的现实选择。

平稳过渡无疑是这场改革的第一诉求。如何平稳？监管层的答案是用健康增量逐步稀释问题存量，这也是这次改革思路的精髓所在。然而，我们必须看到，营销体制改革问题已经超越了个险营销本身，它应该放在行业发展和经营理念这个大框架下来考虑。在推进改革的过程中，我们不能就事论事，应高度关注并切实推动行业发展方式的转变，如果"本"的问题不解决，"末"是不可能彻底和系统地解决的。

从这个角度来说，83号文只是一份官方表态的纲领性文件，它不可能解决所有问题，也解决不了所有问题。例如，针对发展状况不同的保险企业该选择什么路径来改革、在改革的过程中如何保持平稳过渡、改革的成本该如何预算、营销员的产能提升需要多长时间的积累等问题都没有涉及。目前还是依靠各保险企业、中介机构的实践和探索，在实践中找到适合自己的方向和道路。所以，此次改革能否在设定的时间内顺利实现预期目标，还要面对很多问题，我们还不能盲目乐观。83号文重要的意义是吹响了改革的号角、拉开了改革序幕，统一了思想和认识，营造了一个积极的改革氛围。

根据保监会近年来的多次发文，尤其是2012年的发文频率和力度，我们不难看出，政府主管部门对当前我国保险营销体制所暴露的问题的高度重视。虽然到目前为止，部分保险企业依然持观望和按兵不动的消极应

对态度，但也确有不少保险企业和业内的有识之士正在行动，积极思考改革的可行性路径和措施。

2012年，保险营销体制改革又一次走到了命运的十字路口。这一次，市场期望它不会再面临以前历次改革"雷声大、雨点小"都不了了之的尴尬局面。

拂去"求稳"的表象，究其真正原因，如按保监会的改革指导方向和框架，走市场化、专业化道路，实现产、销分离的改革模式，必将牵涉到几家保险巨头整个管理体系的方方面面，必将动摇近二十年来形成的利益分配格局。数十万人的工作岗位和原有的利益分配体系将出现根本性的变化。笔者认为，这才是保险企业整体性延缓改革并设法阻止改革的真正原因。虽然有多家成立时间不长、经营理念先进、管理经验成熟、营销队伍规模较小、历史负担较轻、改革成本较低的外资、合资保险公司，早已盼望实现营销体制改革，但苦于势单力薄，担心提早行动会招致大公司的排挤打击而一直持观望态度。

三、监管部门和企业片面强化监管和惩治的作用

2011年5月，广东省保监局印制了一本《广东人身保险规章制度汇编》（以下简称《汇编》），共汇集了中国保监会和广东省保监局自2004年至2011年的有关人身险的各项规章制度628篇，共398页。其中涉及保险营销员的行为规范性制度31篇。2012年1月和4月，中国保监会又分别发出了《人身保险业务经营规则》和《保险营销从业人员监管规定（征求意见稿）》。

在《汇编》中31篇针对营销员的行为规范中，分别对营销员的营销活动和团队管理进行了细致入微的严格规范和要求。如保监会2010年下

发的《关于进一步规范人身保险电话营销和电话约访行为的通知》，在通知中出现要求保险公司"统一制定约访用语，逐步纳入职场内集中管理"，"使用专业技术设备，设置允许拨打的时间"等条文。在此之前的 2008 年，保监会已出台了《关于促进寿险公司电话营销业务规范发展的通知》。

早在 2006 年，保监会已颁发了《保险营销员管理规定》。此规定共分八章六十四条。里面涉及营销管理、展业登记管理、展业行为管理、岗前培训和后续教育、法律责任等，条分缕析、全方位地对保险营销员的日常营销行为进行了严格的界定和规范。还有《人身保险业务基本规定》、《关于进一步规范代理制保险营销员招募行为的通知》等更为具体细化的规章制度。

在 2012 年的全国保险监管会议上，中国保监会主席项俊波对全国监管工作者提出"保护消费者利益是保险监管的天职，是衡量监管工作成效的重要标准"。

从短短的八年时间里，我们确实看到了保险业的政府主管部门保监会为规范中国保险市场、约束保险营销的行为、保护消费者利益等方面付出了大量的劳动，恪尽职守。各保险企业在这一监管的主线条指导下，也同样对保险营销员采取了更加细致的、更具有针对性的行为规范和要求，相继制定了一系列营销员违纪违规的处罚规定。规定中列明了各种针对营销员违规行为的处罚条例，所涉及的范围之广泛、细则之严密、处罚力度之大，的确对营销员产生了强大的震慑力。如在展业过程中，为了防止营销员存在误导客户行为，保险企业进行了层层设防和环环相扣的防范措施。如在投保时，要求客户在投保单和各类投保声明书上签名、计划书签名、转账缴费签名、各类变更签名以及营销员自己在众多营销行为中需承担责

任的承诺性签名。保单生效后,每位投保人还要接受保险公司的电话核实回访,且回访内容全部录音备案。在递交正式合同后还必须让客户再次签名确认。另外,为保护投保人的利益,给予客户自拿到正式合同后 10 天的无条件冷静期退保权利,如客户退保则保费全部返还。如客户需要办理保单相关内容的变更等保全手续,则一律要求提供相关单证的原件,并要求客户一一签名确认。为此,营销员给客户办理一份保单的保全手续,光是取送证件和相关资料就得来回跑几趟。

还有各家公司都根据保监会的要求建立了健全的、严格的投诉反馈机制,以及系统化的针对营销员违纪违规的惩戒机制。对营销员除了要求全员持证上岗以外,自 2009 年 3 月 1 日起,根据保监会规定,人身保险的所有业务必须全面采用非现金的收付费方式,通过银行等资金支付系统进行收付费,以彻底杜绝保险资金在流转中发生的风险。在 2009 年 10 月 1 日实施的新《保险法》中,又进一步加大了对被保险人多项利益的保障力度。除此之外,各家保险公司还针对营销中产生的新问题,不断探索并出台新的防范和惩戒措施。

监管部门和保险企业对营销员的高度警惕,就像面对一群越狱犯那样层层设防、密如蛛网。然而,就在监管部门和保险企业不断出台更加细致、更加具体和更加严厉的规章制度的同时,保险业和保险营销员的社会形象却一直呈下降趋势。保险营销员的社会地位和收入也同步呈大幅下滑态势。这种现象应该引起保险监管部门和保险企业的深刻反思。因为随着各级监管部门不断加大出台制约营销员营销行为的规章制度(特别是自 2004 年至 2011 年),按道理,保险业的社会形象和保险营销员的社会信任度、社会地位应该呈上升趋势,然而,事实却反而呈下降态势。

个中原委不得不让我们深思,这种过分依赖保监会一纸通知和文件的

第三章 保险营销体制矛盾形成的深层次原因分析

措施来制约、惩罚、解决保险市场问题和矛盾的思维模式是否真的有效。照此下去，也许有一天我们的规章制度会细致到营销员在客户面前营销产品时该怎么坐、怎么开口说第一句话、结束语该怎么说的地步。问题是，如果是这样，在我国尚处在保险初级阶段时期，保险营销这一"面对面"营销模式所具备的优势价值还存在吗？因为到目前为止，在保险营销历史达100多年的欧美发达国家，中介已成为保险营销主渠道的情况下，传统的"面对面"保险营销模式依然占据保费的80%以上，何况只有二十年历史的中国保险市场呢？

政府在市场中的监管作用不可或缺。但是，凡事都过犹不及，无数市场实践证明，如果政府监管过细，就会对这个产业的发展形成制约。我国著名的经济学家吴敬琏在他所著的《当代中国经济改革教程》（2010）一书中，就这个问题，明确地指出：政府在市场经济中的职能是提供公共服务，而不能对企业和居民的微观事物横加干涉。更何况在现有畸形的营销体制下，各保险公司对制度的执行在轰轰烈烈的业绩推动下已大打折扣，营销员早已被每天的业务压迫得喘不过气来，哪有精力去细心研读和执行条款中的具体细节要求。保监部门隔三差五将一纸文件发到各保险公司，并要求保险公司在规定的时间内进行全员宣导和培训，而很多时候保险公司早已将自己的下阶段行事历安排得密不透风。在这种情况下，部分公司和部门为了应付检查，自然就会走过场，交差了事。这样的执行过程，其结果谁都心知肚明。

其实，作为金融三大支柱产业之一的保险业，它天然就属于典型的知识密集型产业。它对从业人员的要求与证券业、银行业并无二致，甚至更高。因为保险营销是一门涉及多学科的行为科学。从专业的角度看，它至少涉及风险学、经济学、货币学、投资学、银行学、保险学、法学等。从营销的角度看，它至少涉及公关学、营销学、心理学、管理学、行为学以

及谈判技巧、语言表达、社交礼仪等诸多学科和领域。同时，它对一个人的敬业精神和心理素质也提出了更高的要求。从业者不仅仅要经受年复一年的风吹雨打，如果要成长为一名行业的真正精英，还必须具备把酸甜苦辣和五味杂陈的人生历练都能点点滴滴地汇进心海，然后再不为所害地把它酿成醇香美酒的能力。最后，在浅酌慢饮中，用它强壮机体、品味人生，感受另一种人生境界。所以说，它是一门真正衡量一个人全面综合素质的行业，决非像有些浮浅的评价认为保险营销只是简单的推销而已。从市场的变化和需求的角度去看，在短短的20年时间里，他们已经实现了从最初原始市场的"推销员"身份转型为"保险顾问"，进而又由"保险顾问"向"风险规划师"的高度进行过渡。现在，市场更是出现了很多营销员报名参加理财规划师等专业考试。他们正在积极顺应时代的发展潮流和市场需求，将自己由一名简单的保险营销员向一名全面的理财规划师角色进行成功转型。

所以说，保险业和其他所有行业一样，应该不缺乏高素质的人士加盟。因为在市场的强大作用下，在中国这样一个人口大国，加之高校近来大力扩招而形成的每年高达六百多万应届大学生蜂拥在各大中城市，以及在当今人才流动十分便捷的大环境下，人才根本就不是问题。问题是我们忽视了这个行业的制度设计和安排。如果这种制度违背了起码的公平、公正原则，使整个产业的从业者基本权利长期得不到尊重和保障，而这个群体的呼声又不能及时得到政府和有关监管部门的重视。那么，在保险企业传统管理模式没有改变的情况下，我们只是一味地要求营销员单方通过道德自律，来弥补因制度缺陷产生的问题，是很不现实的。

对营销员来说，"诚信守法、合规经营"不仅是一种职业要求，更是任何一个人存身立世所应该遵从的基本做人准则。但如果在一种不公平和不对等的环境下，仅靠个人的这种道德自律来约束和维持行业的健康发

第三章 保险营销体制矛盾形成的深层次原因分析

展,历史实践证明,它一定是很难长期有效的。这时,如果旁观者不顾这一客观事实,生硬地割裂这二者关系,只一味地强调和要求营销员在这种非正常的制度下,仅靠发挥他们的道德自觉和精神力量,来为行业形象的重建担当大义,这种设想本身就是一件根本做不到和十分幼稚的想法。也从另一个侧面反映了持这种想法的人,对市场经济从来都不会自发产生人文精神,以及"制度永远都比美德更可靠"这一常识的理解局限性。

著名的经济学家吴敬琏对政府如何管理企业有如下深刻的见解:政府的主要职责是为企业搭建平台营造条件。包括三个基本内容,第一就是为创新提供压力,第二就是为创新提供动力,第三就是为创新提供能力。

市场经济有一条基本规律,就是政府管得太细、太紧的行业都必将会大大抑制这个行业的创新活力,行业的发展就会受到严重的制约。保险营销中"面对面"的销售模式经过西方国家一百多年的市场检验,是最行之有效的保险产品销售模式。这种方式也是最能发挥个人专长、激发个人潜能、提升工作效率的一种营销方式。如何在放手和约束之间找到一个较好的平衡点,确实对保险监管部门和保险企业提出了不小的挑战。

制度的建设对营销队伍的规范合法营销、提高承保质量、降低企业风险等无疑是必要的,甚至再多都不过分。但我们在解决问题时,不能顾此失彼,忽略对营销制度的根本变革,而一味地在管理的惩戒上做文章,这就难免会出现和我们的初衷本末倒置、南辕北辙的结果。

第四章
保险营销体制变革的紧迫性和必然性分析

- ◇ 我国保险业和发达国家的差距分析
- ◇ 当前世界经济对我国保险业形成的冲击
- ◇ 复杂的投资环境使保险企业经营压力大增
- ◇ 不合理的产品结构风险亟待消除
- ◇ 保险营销体制已无法满足市场的快速发展
- ◇ 形成过渡期的战略共识和有效举措

第四章　保险营销体制变革的紧迫性和必然性分析

一、我国保险业和发达国家的差距分析

"十一五"期间，我国保费收入年均增长 24%，2010 年保费收入达到 1.45 万亿元，总资产突破 5 万亿元，我国已经成为全球最重要的新兴保险大国。尽管如此，我们还要冷静地看到和世界发达国家的差距。

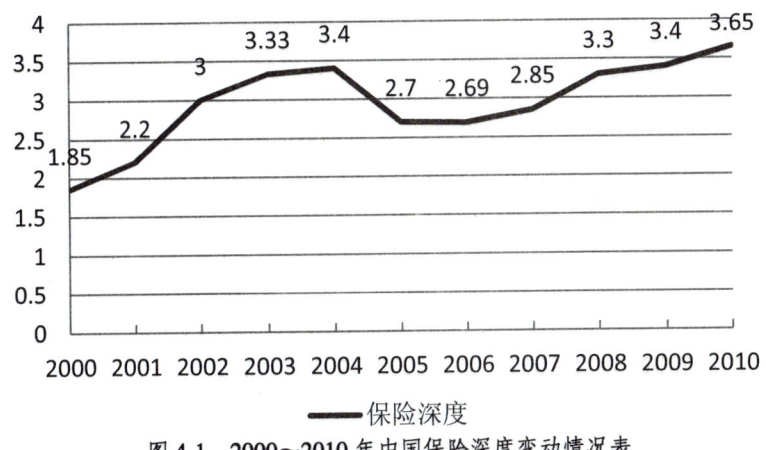

图 4-1　2000~2010 年中国保险深度变动情况表

资料来源：根据保监会统计数据整理。

2010 年，我国保险深度为 3.65%，只有世界平均水平的二分之一，低于印度的 5%，只有中国台湾的五分之一、香港的三分之一。保险密度为 165 美元，只有中国台湾、香港的二十分之一，仅为世界平均水平的五分之一，和发达国家相比差距很大。同时，我国保险赔偿占灾害损失的比例

目前还不到 5%，多数在 2% 左右，而全球平均水平超过了 30%，发达国家更是达到 50% 以上。

相比 2010 年 30% 的增速，2011 年中国保费收入首次出现同比负增长的局面，人身险保费收入较上年同期 10632.33 亿下降至 9721.43 亿元，下降 8.5%。其中，人身险中的寿险保费收入同比下降 10.16%。

除此之外，我国保险业在保持了近二十年的高速增长后，也遇到了来自我国内部经济调整和世界外部宏观经济动荡等诸多不确定性因素的影响。而这些重大的内外部环境变化，笔者认为，恰好是推动我国保险营销体制变革的最佳时机。这些不确定因素，主要来自以下四个方面：

（一）当前世界经济对我国保险业形成的冲击

自 2011 年起，欧美主权债务危机愈演愈烈，再次引起国际宏观经济的大幅震荡。至 2012 年 6 月，欧盟一度因希腊国内经济状况恶化至崩溃边缘而面临分裂的局面，西班牙、葡萄牙、意大利也随之危机重重。欧盟内部和美国等虽就如何避免欧元区解体而进行了多轮磋商和谈判，但迄今为止，各方仍未达成真正共识，仍无法拿出一整套行之有效的解决方案。欧盟是否解体，是否会将世界经济再一次拖向谷底的担忧依然弥漫在整个世界。从国内看，2012 年第一季度的通胀相比 2011 年虽有所下降，但经济增长的大幅下滑和出口的大幅下降，短期看并没有好转的迹象。2012 年上半年的 GDP 增幅从 2011 年的 9.6% 回落为 7.8%，同比下跌 1.8%。在这种经济增速持续回落的宏观环境下，部分中小企业甚至出现了比 2008 年更糟的经营状况，房地产由于受政策的严控而市场疲软，汽车等大宗消费品持续走低，固定资产投资环比增速回落，我国经济的整体性增长回落态势明显。这种经济增速回落与物价上涨形成的局面，必将给保险业发展

带来不小冲击，必然使居民对保险的消费需求减少，寿险业因此而面临较大的发展压力。

2012年7月18日的《第一财经日报》披露：中国太保公布本年中报预告，预计2012年上半年净利润同比下降55%；中国人寿上半年保费收入负增长5.17%；"一枝独秀"的中国平安，增速也只有10%。而银保渠道因受到2011年政策调控和市场的双重影响，新单保费收入更是同比下降25%以上。

（二）复杂的投资环境使保险企业经营压力大增

2011年，A股市场一直呈持续震荡下行的态势。上证指数全面累计下跌21.68%，A股总市值缩水4.91万亿元，2012年这种下跌的趋势有增无减。11月27日，沪指跌破2000点，创45个月来的新低。与此同时，债券市场也是一直呈疲软状况。资本市场的持续低迷对保险公司的稳健经营造成了较大的影响：一是权益类投资收益明显下降，拖累了整体的盈利水平，对越来越倚重用投资利润来支撑保险业务发展的经营模式形成了一定的冲击，并使部分保险公司的偿付能力充足率面临较大的压力。二是上市保险公司的市值大幅缩水，使资产减值损失增加，影响了保险业的资产状况。三是在市场流动性不断收紧、资本市场持续低迷的情况下，无论是拟上市保险公司IPO融资，还是保险公司在资本市场的再融资，难度都大大增加。

（三）不合理的产品结构风险亟待消除

我国寿险业务近年来过于集中分红险的问题日益严重。2011年1~9月，分红保险保费收入6205.7亿元，占寿险保费收入的比重高达88.9%。

这种"一险独大"的险种结构，一方面反映了保险公司以规模为导向，而不是以市场需求为导向的经营思路，另一方面也反映了消费者在选择产品时面临的被动性。除此以外，由于分红险对资本市场的依赖度较高，如果资本市场大幅震荡，今后必将面临较高的投资收益风险。因为在中国保险业，尤其是寿险业，目前由于经营成本的上升已基本上没有费差益，盈利主要依赖于利差益，而金融业的竞争力既取决于资产管理能力，更取决于负债成本。寿险业的负债成本是 2.5% 的寿险既定利率加上营销成本和管理成本，这已远高于同为金融业的银行和证券、基金的负债成本。当前，国内各种金融产品之间的竞争十分激烈，保险公司和保险产品之间的竞争也日趋白热化，这必将导致寿险业的负债成本持续上升，使保险业资产负债匹配的难度增加，由此带来的流动性风险和收益性风险无疑将会进一步加大。因此，保险业要取得差异化竞争优势、防范中长期系统性风险，转变发展方式、控制负债成本和调整产品结构已刻不容缓。

（四）保险营销体制已无法满足市场的快速发展

自 2008 年全球经济危机爆发以来，受内外部宏观经济形势变化的影响，保险营销体制的问题日益突出。第一，随着 2011 年的银保新政出台，再加上信贷收缩、银行密集发行各类理财产品，以及银保业务越来越高的经营成本等因素，银保业务增速逐月下降，业务质量也呈下滑趋势。第二，随着 2008 年以后我国劳动力成本持续上升和剩余劳动力逐渐减少，以及近几年来因车险理赔难及销售误导的负面宣传增长，使保险营销员的社会形象受到负面影响，导致保险营销员队伍对人才的吸引力减弱。增员难和人员流失问题十分明显，特别是一些大中城市和农村的保险营销员流失增加。人员的流失增加使保险企业对老客户的售后服务质量下降，进而加速社会对保险业的负面评价。第三，因资本市场低迷和加息而导致

第四章 保险营销体制变革的紧迫性和必然性分析

的保险企业的投资收益下降，以及近年来一味冲规模、占市场的短期经营行为使保险企业的新单业务内涵价值下降。第四，受以上诸多因素的拖累，行业的整体偿付能力也随之下降。另外，即便在业务规模和营销人员都下降的情况下，各保险公司依然没有对经营战略进行调整，每年依然保持一定的规模增长（虽然有部分保险公司下调了增长的比例，但是鲜有进行战略性的实质性调整，仍然要求保持稳定，甚至保持继续增长）。

这些年来，受政策的影响，保险企业几乎都认为，高增长就是最好的发展，陷入了一个严重的发展误区。正如万峰先生在他所著的《寿险公司战略管理》（2005）一书中，所论述的寿险公司发展误区之一就是片面地认为："保费的增长就是发展。"

在原有的经营战略不变，"有人就有业务"的"人海战术"固有思维模式下，保险业的社会形象很难自我逆转，业务和增员成本一路向上的寿险业已进入了一个前所未有的发展瓶颈期。

二、立足现实，形成过渡期的战略共识和有效举措

保监会在 2009 年 6 月印发的《关于改革完善保险营销员体制机制的意见（征求意见稿）》中，即对我国保险营销体制的改革和完善提出了明确的思路，保险营销员可以成为：（1）保险公司的员工；（2）保险中介公司的专业销售员工；（3）以保险公司为用人单位的劳务派遣公司员工；（4）符合保险法规定的个人保险代理人。

在 2012 年 10 月 8 日保监会下发的《关于坚定不移推进保险营销员管理体制改革的意见》（以下简称 83 号文）中，已经改成"引导保险公司采取多种灵活形式，为营销员提供劳动者基本的法律身份、薪酬待遇和社会保障"。83 号文针对营销员身份的转型问题，没有利用员工制的方式进

行"一刀切",给了保险企业更为广阔的选择空间。正因为如此,我们就更有必要对转型过渡期的营销员价值达成共识,并探讨一系列可行的举措。

(一)"面对面"保险营销模式保留的优势价值分析

笔者认为,首先不应否定和废除"面对面"的保险营销价值和模式。根据美、英、日等发达国家的保险历史来看,"面对面"的保险营销方式是寿险营销中迄今为止最有效的一种途径,具有不可替代的作用,原因如下:

寿险营销中的个人营销之所以重要,主要是由寿险自身的特点所决定的。寿险营销是以人为标的的风险,而这种风险是一种潜在的、不确定的风险。每个人都有其对自身风险的认识和理解,再加之寿险需求的深层次原因是基于人对安全、责任和爱等精神层面的需求。因此,必须通过"面对面"的营销方式,经过充分沟通,使客户认识到风险的显现和隐性存在,才能转化为对保险的需求。另外,个人营销的一些固有特点也是其他营销渠道不能比拟的。第一,个人营销员具有流动性。因为这种流动性,使营销员可以不失时机地在任何地方开展业务,随时随地为客户提供服务。第二,个人营销的"面对面"销售方式容易解决保险产品由于信息不对称所带来的初级市场消费障碍的问题。营销员频繁地和客户沟通,为客户对保险的理解提供了较大的便利性和可信度。提高了客户的保险意识,从而唤醒或激发客户的保险需求。第三,不同的保险产品具有不同的针对性。不同的消费者都有着不同的消费心理和消费需求,个人营销可以针对不同客户的具体情况和特点,量身定做保险产品,以满足不同客户的实际需求。第四,个人营销所形成的激励制度也是目前其他营销渠道不能比拟的。寿险业在长期发展中所建立起来的一整套营销激励制度,已经被实践

证明是十分有效的，也是银保、电话、网络等其他营销渠道难以复制的，更是在短时间内难以替代的。

刘子操、郭送平主编的《保险营销学》（2007）第十三章，在"保险人员促销策略"一节中，对保险"面对面"营销的特有优势进行了重要的论述，这在理论上也为本书对此问题的探讨提供了参考依据。根据发达国家的经验证明，在今后相当长的一段时期内，寿险市场的主要发展方式还将依靠个人"面对面"的营销方式。

（二）应充分肯定并保护保险营销员的市场价值

保险在经济学中，是一种"一人为众，众人为一"的风险集合和分担机制。它将人们未来生活的不确定性转化为可量化的保费支出，它不但可以稳定人们对未来的预期，大大减少人们在应付风险上的资金占用，使人们可以将更多的资金用于其他提高生活水平的消费领域。

美国当代经济学家萨缪尔森，在他的经济学理论"不确定性和博弈论"中对风险和保险的价值有过一段精彩的阐述。他认为，每一个正常的人，都是一个本能的"风险规避者"。若一个人，为损失一定量的投入而产生的痛苦大于他为得到同等数量的收入而产生的满足感，则他就是一个"风险规避者"。对保险的经济学价值，他如此解读：保险与风险分摊有助于消费水平在不同的情况下维持稳定。保险是接受个人的、大的风险，并将这种风险分摊到众多人的身上。对大多数人来说，这就变成了可以接受的、小的风险。他认为保险对社会有益的原因是，它有助于促使不同的非确定性状态下的消费变得相等，可以提高效用的预期水平。

关于保险的价值，中外名人不乏诸多精彩的妙语。如中国著名的教育家胡适博士是如此看待保险的："保险的意义，只是今日做明日的准备，

生时做死时的准备,父母做儿女的准备,儿女小时做儿女长大时的准备,如此而已。今天预备明天,这是真稳健;生时预备死时,这是真旷达;父母预备儿女,这是真慈爱;不能做到这三步,就不能算作现代人。"英国前首相丘吉尔说:"如果我办得到,我一定把'保险'这二字写在家家户户的门上,以及每一位公务员的手册上。因为我相信,透过保险,每一个家庭只要付出微不足道的代价,就可免除遭受永劫不复的损失。"微软创始人比尔·盖茨也由衷说道:"到目前为止,我没有发现哪一种方法比购买人寿保险更能有效地解决企业和医疗财务问题。"胡锦涛总书记也明确指出:加快建立覆盖城乡居民的社会保障体系,要坚持"广覆盖、保基本、多层次、可持续"的方针。以慈善事业、商业保险为补充、统筹协调做好各项工作,实现社会保障事业可持续发展。

综上所列,我们有理由相信,诸多政商名流对保险价值的评价绝不是随意和不负责的,因为他们的言论,向来会产生很大的影响力。借由经济学家从经济学的角度对保险的解读,以及政治家和诸多名人之口,我们已确信保险在人类发展史上和经济社会中所发挥的巨大的、不可替代的价值。

而保险营销员在保险业的发展中所起到的桥梁作用,不论在今天,还是未来都将是保险业发展的一个重要环节。同时,保险营销的工作随着社会的发展,对营销员也提出了越来越高的要求,尤其是在心理素质、职业精神、人际关系,以及经营管理和环境适应能力等综合性的软实力上。所以说,"看似寻常最奇崛,成如容易却艰辛"是保险营销工作的最好写照。

在实际工作中,有很多曾在金融业或其他行业做得不错的人转行做保险营销后,在这一点上应该是深有感触的。所以说,保险营销不仅仅是份

第四章 保险营销体制变革的紧迫性和必然性分析

工作和事业，它更是一个全方位地改变自我、实现自我乃至全新地塑造自我的崇高的事业。一名优秀的保险精英，经由行业锻造后形成的综合素质，足以使他在转行后，能够胜任某些企业较高层面的管理岗位。在现实中，这样的例子比比皆是。如果说把保险业和营销员在发展过程中所存在的这样或那样的问题，只归咎于营销员存在的问题，那只能说明这种对保险业的认识还只停留在较为表象的层面。因为不论是从我国现在的保险代理制度，还是从行业的营销方式去看，我们都不能简单生硬地割断历史，过于苛刻地要求它脱离自身的发展规律，忽略重要的制度建设作用，去片面追求所谓的理想状态，这只能是不切实际的空想主义。同时，在评价现行营销员体制时，我们也不能一概否认这种体制所带来的正面价值。应该客观地承认，无论如何，借由遍布城乡的数百万营销员，多年来风里来雨里去的辛勤工作，使我国众多的个人和家庭获得了实实在在的保障。当他们一次次心怀善意地走近我们，热忱地、不厌其烦地向我们介绍投资保险的种种好处时，我们可曾想过，一旦拥有保险以后，与配置其他投资产品相比，我们至少不会像投资股票、基金那样时时担惊受怕。即使在全球经济危机、很多理财产品都一路暴跌的情况下，我们也尽可放心，因为我们所买的保险不会有任何经济损失。相反，面对未知的风险，它还会给我们带来更加踏实的安全感。为此，我们也应该肯定保险营销员为健全社会保障体系，维护社会稳定，为每一个家庭的幸福和谐生活所起到的重要作用。

我们应该相信，经过成千上万保险营销员之手送出的一份份保单，使保险的"经济补偿、资金融通、社会管理"三大功能为经济发展、社会稳定及防灾减损工作发挥了积极的作用。绝大多数保险营销员也切实履行了保险对社会、对客户的神圣职责。

从另外一个角度来看，在一个法治社会，任何一个行业的发展只要它

65

是建立在合法的框架之上，那么这个行业就应该和其他所有行业一样受到应有的尊重和公正的评价。尤其是当一个新生事物处在它的发展初期时，一个足以影响国计民生的产业更应该受到理解、支持和呵护。由于历史原因，保险业在走进我们生活的同时，它必将历经挫折。而那些为了改变我们生活方式，提高我们未来生活质量，为我们送来人间大爱的保险营销员们，用他们的汗水和智慧、热血和青春，坚守"保险改变生活"这一坚定信念，多年来一直无怨无悔地行走在这条属于开拓者的路上，理应受到全社会的客观公正评价。

随着营销在市场经济中的作用日益提升，以及各行业间的竞争加剧，所有的金融业，必将没有选择地引进那些先进的营销机制来加快推进行业的发展。如证券、银行及各大大小小的专业投资机构等。现在很多企业和专业营销机构，已把目光转向了在国内最早就全方位引进西方先进营销机制的保险业，开始研究保险营销中诸多管理精华，因为在保险营销中所运用的一些管理新思维和科学经营的方法，是我国当前很多行业尚不具备的。

任何人都有权对保险业在发展中存在的问题发表自己的看法，甚至提出严厉的批评，因为这将有助于行业的健康成长。但是，这种批评和建议应该是建立在理性、客观和公平的基础之上，也应该是富有建设性意义的。而不是为了图一时之快，不肯承认，也不愿承认保险营销员的社会正面价值。在评价时，罔顾事实，甚至以点带面、带有人身攻击的意味。因为，要想让自己对保险业的判断更为准确，从而有效地找到当前保险营销体制存在的问题根源，我们只有拿掉有色眼镜，客观地分析保险营销体制中所存在的一系列问题，真诚地走近营销员群体，去感知他们丰富而坚强的内心世界，设身处地去理解他们身处的困境。清楚地看到他们中间绝大多数人与我们从事的其他职业动机一样并无二致，且朴素至纯、天然合

理,"身上衣裳口中食"为稻粱谋也,为一家老小的安身立命而奔波也,仅此而已。

在国外,人们普遍对保险营销员这种职业充满敬意,营销员的收入和社会地位也一直都处在一个较高的层面。他们认为从事这种工作的人不仅需要较高的专业素养,他还一定是一个充满爱心、富有责任感的人。为此,人们还赠送了不少他们对营销员充满敬意的称呼:"爱的使者"、"爱心大使"、"人类福音的传播者"等等。美国著名的营销大师柏特·派罗在深入研究了保险的价值和营销员的工作性质后说道:"我们销售的不是今天,而是明天;不是现在,而是未来。我们销售的是一家之主的尊严,以及免于恐惧、免于饥渴的自由。我们销售的是面包、牛奶、子女的教育金、圣诞节的玩具以及复活节的兔子。我们销售的是利益,不是金钱。我们销售的是希望、梦想和祈祷。"这也是迄今为止笔者见到的,对保险和营销人员的社会价值认识最深刻、最透彻,也是最人性化的诠释。

世界各国的保险业在它的发展初期,以及在它伴随本国经济的发展壮大中,无不走过了漫长而曲折的路程,无不在多方的利益博弈中艰难地完善和发展,才渐渐形成今天在西方国家主要以保险中介为主渠道的市场化局面。由于中国拥有几千年传统文化的深厚积淀,在引进这一纯粹西化的舶来品同时,自然也不例外要经过很长一段时间的市场融合,才能达到市场多方都能接受的理想状态。但这一切的到来,不可能脱离中国国情和市场所处的历史阶段和实际情况。如果我们只是一味地用简单、生硬的批判和责难,把这一因经济发展而诞生的产物,以及因此产生的保险营销职业和保险业在发展中所出现的问题等同起来,这显然是不公平的,是片面的。这种认识也无助于推动这个行业的健康持续发展,且难以达到切实长久维护消费者利益的根本目的。

因为保险营销员对保险营销这个职业的诞生是没有选择权的。所以，从另一个角度来看，谁来从事这份职业，根本就不存在你、我、他之分。正如亚当·斯密所言："消费是所有生产的唯一的终点和目的。"保险商品当然也不例外，因为从西方保险业发展的几百年历史来看，它在中国的出现和发展也同样印证了这一客观规律。这一职业，纯粹是因社会发展所产生的需求应运而生的。

综上所述，笔者认为，现在保险营销队伍中存在的种种问题，究其原因，根本不是出自营销员本身。道理很简单，从营销员的入司选择，到他们所接受的各类培训和企业文化熏陶，乃至所关联的保险企业各项规章制度和最后发展路径，都是在保险企业的完全主导之下进行的。所以说，形成我们今天看到的营销队伍现状的无形之手，无疑是源自一种制度的意志安排。因为，有什么样的制度安排，就会产生什么样的资源配置方式；有什么样的资源配置方式，就会出现什么样的行业行为；有什么样的行业行为，就必然存在什么样的市场行为。

对这个全新的朝阳产业，最初的绝大多数从业者不可能具备相关专业背景。这一现象适用整个保险行业的方方面面，也适用于任何行业的客观发展规律。从市场发育的阶段性来看，这个成长过程，或者说为了这个成长过程，市场要付出的某些代价是没有选择性的。同时，从一个市场的发育过程来看，如当代著名的经济学家樊刚评价中国经济在增长中所存在的问题那样："任何一个行业都是带着问题在成长，在成长中解决问题的。"同样的道理，任何事物从来都是在矛盾的出现和解决中循环往复、不断前进的。所以，发展中存在的问题非保险业独有，实乃市场经济发展的基本规律而已。

（三）加大培训中职业道德部分的培训力度

在过去的培训基础上，加大职业道德教育的系统化培训。对受训的内容、时间和质量考核做进一步的科学量化，形成一套系统的、根据不同职级而制定的相关风险防范的培训体系；强化营销员的自尊、自爱和自强意识，培养良好的职业精神，提升自我学习能力，不断提高综合素质和品德修养；并建立长期的追踪、评估和督导流程。

（四）全面建立营销员的职业责任保险

可借鉴西方成熟保险监管市场的做法，给营销员队伍建立全面的职业责任保险，以有效化解因保险人和营销员自身责任所导致的相关经济损失，切实转嫁保险企业的市场经营风险。

（五）彻底改变保险企业和营销员之间的传统管理模式

按理说保险企业和营销员之间，应该是一种唇齿相依、同甘共苦和平等互利的合作关系。但因为种种人为的原因，形成了现在的保险企业和营销员之间不同的利益格局，导致了保险企业在做管理决策时，难免处处从自身的利益出发。长此以往，就形成了保险企业的管理层对营销员阶层潜在的戒备心理。例如，有些保险企业在做出某些与营销员利益关系密切的重大决策时，极少真正地去深入一线征求营销员的意见，唯恐营销员持有异议或提出反对意见，更极少通过坦诚沟通和民主的方式去平等协商、达成共识，朝令夕改的行为更是司空见惯。此举进一步拉开了二者之间的关系，促使营销员对企业的逆反心理更加严重。这种现象大大降低了企业的管理效率，加大了管理成本，进一步涣散了人心，也使营销员对公司的归属感和忠诚度进一步降低。

在保险企业的这种管理思维惯性下,有些营销员被一步步地推向了企业的对立面,这种局势将形成一股对保险业市场潜在的伤害力量和暗流。在保位子、保利益、求稳定的心理作用下,在高增长的保费掩盖下,营销员在企业和市场之间所起到的至关重要的桥梁作用被一再忽略。营销员队伍面临的诸多严重困境,长期以来,一直被各方有意或无意地忽视。

也有部分保险企业看到了危机,想方设法希望改变这种现状,但是在行业声势浩大的战略导向下,一些好的想法和做法,很难得到有效实施和持续执行。长此以往,这种管理层的管理意识,必然导致企业对营销队伍管理的市场意识和服务意识无法和营销队伍的要求相匹配,矛盾由此不断日积月累。结果,营销员变得无助、无望,保险企业也变得无奈和麻木了。

近年来,营销队伍的精英人才流失、流动现象越来越频繁,这个问题应该引起业界的高度重视。因为,对于保险企业来说,减少不必要的人才频繁流动,留住经多年市场沉淀的营销精英人才,对保险业市场的健康、稳定发展,为保险业奠定坚实的人才基础等都将会起到不可替代的作用。我们都清楚,企业发展的唯一保障,首先就是千方百计去开发内部最宝贵的人才资源。营销员是否敬业和忠诚,它和企业所创造的制度环境密切相关。大量的调查显示,企业的绩效受员工的敬业度影响最大,而敬业度又直接受员工对企业的满意度影响,这些综合的因素最后才形成员工对企业的忠诚度。

如果保险业在此次的改革中,还不能及时发现、正视这些问题存在的严重性,并提出切实维护营销员合法权益的办法,让营销员合理分享行业高速发展所带来的成果的话,保险企业在改革的过渡期,将会进一步丧失营销员的信任,使企业的下一步改革和发展陷于更加被动的局面。

第四章 保险营销体制变革的紧迫性和必然性分析

胡锦涛在党的十八大报告中明确提出,要"使发展成果更多更公平惠及全体人民","加紧建设对保障社会公平正义具有重大作用的制度,逐步建立以权利公平、机会公平、规则公平为主要内容的社会公平保障体系,努力营造公平的社会环境,保障人民平等参与、平等发展权利"。

亚当·斯密早在他的《道德情操论》中,就这一现象所导致的结果深刻地指出:"当一个社会的经济发展成果不能真正地分流到大众手中,那么,它在道义上将是不得人心的,而且是有危险的。因为它注定要威胁到社会的稳定。"从斯密的观点来看,保险业当然也不例外。所以,保险企业应通过和营销员之间的真诚沟通,赢得信任、达成共识,尤其是面对那些一直秉承良好的职业操守,并做出较大贡献的营销精英。

保险企业应该把自己和营销员之间定位为一种全新的平等、合作、共赢的和谐关系。其实,这是任何一家具有基本公民意识的企业的应尽职责,也是一个行业应该对社会坚守的基本良知。

第五章

全面市场化是保险营销体制变革的必然选择

- ◇ 保险营销体制变革的宏观环境分析
- ◇ 我国商业保险和社会需求之间的差距分析
- ◇ 保险营销体制全面市场化的发展趋势判断
- ◇ 市场经济对人类社会的重大影响
- ◇ 全面市场化变革的宏观层面建议
- ◇ 全面市场化变革的微观层面建议
- ◇ 由内而外全面推进保险文化建设

第五章　全面市场化是保险营销体制变革的必然选择

一、保险营销体制变革的宏观环境分析

1980 年是我国实行经济体制改革，踏上社会主义市场经济之路对外开放的起步阶段。在此之前我国实行的是计划经济体制，当年的人均 GDP 为 250 美元，三十多年后的 2011 年，我国人均 GDP 已攀升至 5432 美元，人均住房面积由 1980 年的 5 平方米扩展到 2009 年的 28.3 平方米，经济总量超过日本成为世界第二大经济体，以及外汇储备第一大国、贸易第一大国。自三中全会后国门打开至今的三十多年里，中国经济以每年保持近两位数的增长，令世界为之瞩目。它所取得的成就，以及对国民生活的改变、国家综合国力的提升有目共睹，这一切成果的背后，有一个核心的指导思想是：放弃新中国成立以来实行三十年的计划经济体制，选择了一条在世界范围内被无数国家实践证明的、唯一能彻底改变一国经济面貌的开放的市场经济道路。改革开放的三十多年事实证明，具有社会主义特色的市场经济体制选择是正确的。

纵观中国保险业的发展历程，不难发现，伴随着中国市场经济体制的发展，三十年的变化也同时显示出保险业的市场化体制变革和管理创新，同样取得突飞猛进的发展。自 1982 年国内寿险业务恢复以来，寿险业就踏上高速发展的轨道。1982 年，全国寿险保费收入仅仅为 159 万元，占同期保费收入的 0.15%。当时只有"老人保"一家保险公司独家经营。28 年

后的 2010 年总保费收入上升至 1.45 万亿元，人身险保费收入高达 1.06 万亿元，占同期总保费的 73.19%。保险市场已形成多达 146 家中外保险公司共同竞争的格局。

可以说，没有改革开放，没有 1992 年引进的保险营销体制，我国保险业就不可能取得今天的成就。应该说在我国保险市场发展的初级阶段，具备强烈市场化特色的、我国独有的保险营销体制发挥了巨大的作用，现在，已完成了它的历史使命。这种在引进我国时就被严重打了折的保险营销体制，用二十年的时间走完了发达国家需要五十年以上的发展之路，实属罕见。

因为在国外，传统的寿险营销体制激励方式主要分为三类：一是以日本和中国台湾为代表的员工制。营销员和公司是雇佣关系，其收入由底薪加佣金构成。二是以美国和韩国为代表的代理制。营销员与公司为代理关系，收入由佣金加津贴构成。三是以英国和荷兰为代表的经纪制。法律上是较代理更为独立的关系，经纪人一般仅有佣金收入。

以上三种营销体制略有不同，在日本和中国台湾的体制里，营销员是公司的正式员工，享受所有的福利待遇和社保。美国和韩国的体制，则由平均高出我国三分之一的佣金（同样险种和缴费期）和所有社保构成。英国和荷兰的体制，则同样是由平均高出我国三分之一甚至二分之一的佣金，以及经纪公司统一提供的社保构成。所以说，这一体制在引进我国时，制度设计者就充分考虑到我国劳动就业人口处于高速上升期，以及劳动力廉价这一国情。在二十年的时间里，通过极高的淘汰率让千百万的求职者进入这个职业，用极其低廉的管理运营成本和粗放式的管理方式，实现了中国保险业高速增长的奇迹。

时至今日，中国保险营销体制的矛盾已经成为保险业健康稳健发展的

最大障碍。我们必须勇于正视这个客观事实的存在，任何试图淡化或掩盖这个尖锐矛盾存在的做法都是徒劳的。只有直面现实，共同寻求解决问题的途径，才能使我国保险业重新迈入一个发展新纪元。

二、总结保险业发展中的问题，统一全面市场化的变革共识

保险业经过持续二十多年的高速发展，无论如何都应该对它所走过的路进行一次认真深刻的总结和反思。总结和反思的目的不是为了回到过去，恰恰是为了面向未来。因为只有勇于反思过去工作中存在的过失和不足，加以总结检讨，保险业才能站在一个新的坚实起点。

（一）我国商业保险和社会需求之间的差距分析

经过三十多年的改革开放，中国经济的迅猛发展令世界瞩目，主要行业开始渐渐领先于全球。虽然保险业在近二十年也取得了快速发展，但是与我国的经济发展速度、规模相比，出现较大的脱节。和欧美等发达国家相比，差距更大。

第一，保险业的增长落后于国民经济的增长。中国最大的保险公司中国人寿在 2010 年的美国《财富》杂志排名中，营业收入列全球保险业的第 16 位。按照全球 GDP 的总量排名，排在第四、第五位的英国和法国经济总量不到中国的 80%，按此推算，中国保险业理论排名应进入全球的前四位。寿险保费的增长也同样落后于国民收入增长速度，据 2011 年《福布斯财富报告》公布的数据显示，中国有千万富豪 96 万，亿万富豪 6 万多人，位居全球第四位。而人口总量仅为中国内地 1.7% 的台湾地区寿险保费却名列全球第 10 位。

第二，寿险业占金融资产结构的比例过小。若再从不同国家和地区的金融资产结构来看，我国寿险业的差距依然很大。据对北美地区 40~50 岁人群金融资产结构的调查显示，寿险占比 55%，储蓄与金融债券类占比 20%，股票与偏股型基金占比 25%。欧盟地区则是寿险占比 60%，储蓄与金融类债券占比 25%，股票与偏股型基金占比 15%。而在我国的北京与上海，城市居民的金融资产结构中，寿险与企业年金加起来占 10%，储蓄、银行保险等占比 65%，股票与偏股型基金占比 25%。

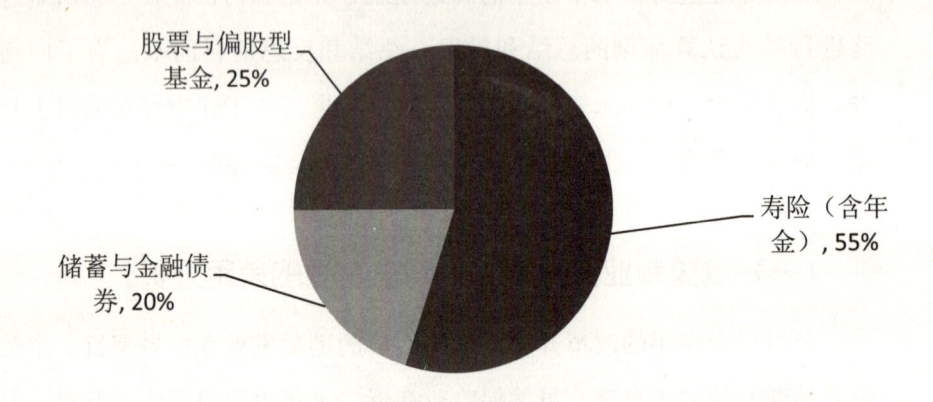

图 5-1　北美地区 40~50 岁人群金融资产结构

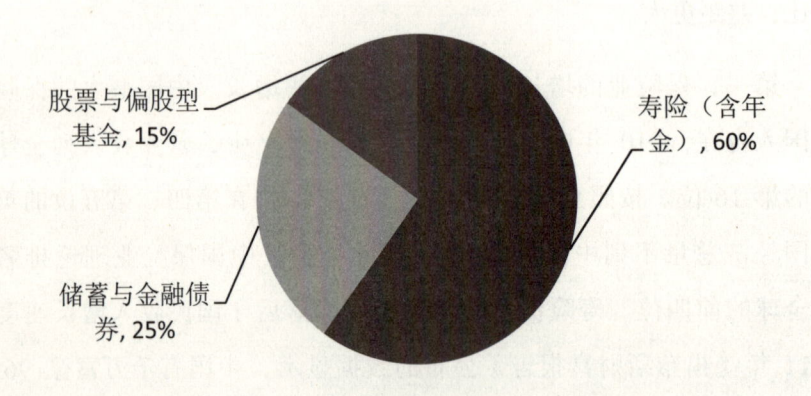

图 5-2　欧盟地区 40~50 岁人群金融资产结构

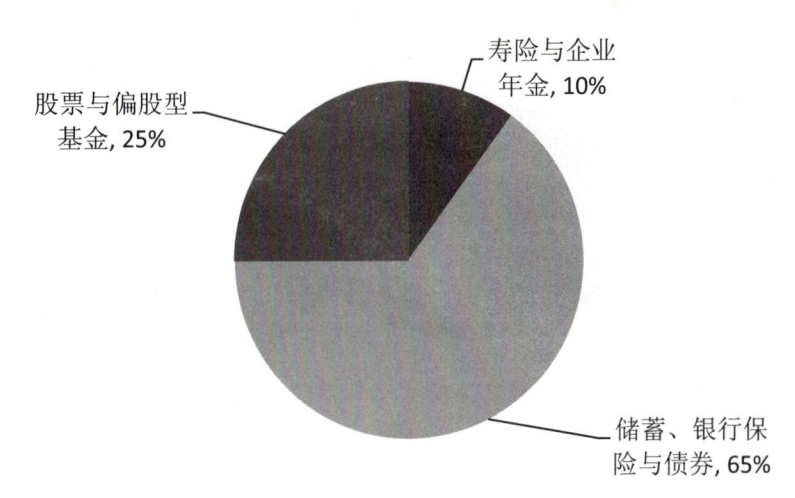

图 5-3 中国北京和上海城市居民金融资产结构

资料来源：郝演苏《2011 年保险市场运行》，2011 年 2 月。

第三，保险业所体现的社会责任担当严重不足。近年来，我国自然灾害频发，且有不断加大的趋势，给人民的财产和生命造成了巨大的损失和伤害。2009 年，我国自然灾害损失占全球的 47%，年均损失也从上百亿元迅速增长到近年来的 200 多亿元，2008 年更是高达 1.35 万亿元，灾害损失占同期 GDP 的比重在 2%~3%，而美国、日本仅为 0.7%~0.8%。在体现保险业核心功能的防灾减损和经济补偿方面，我们都远低于发达国家。在中国的历次巨灾事件中，保险赔付仅占灾害损失的 1%~4%，多数为 2%，政府补贴和社会捐赠分别占 1% 和 2%，三者合计不到 8%，其他 90% 以上主要由个人和企业承担。而在发达国家，赔付比例高达 40% 以上，美国"9·11"恐怖事件损失的近 60% 由全球再保险市场承担。

个人和企业, 94%

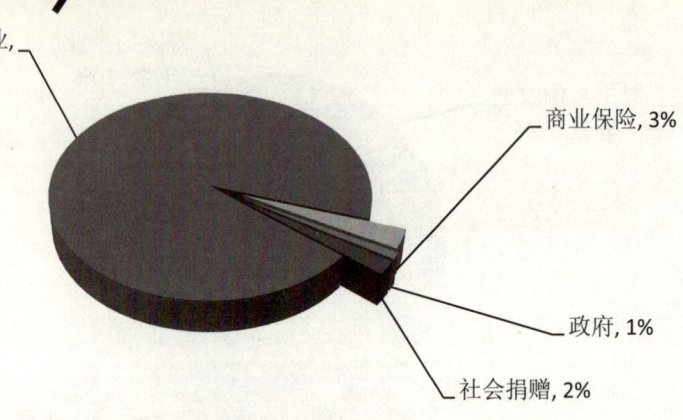

商业保险, 3%

政府, 1%

社会捐赠, 2%

图5-4 中国历次巨灾事件保险赔付占比

资料来源:《当代金融家》2010年11月。

第四,寿险业的发展偏离了科学发展观。10多年来,寿险业的发展一直在强化急功近利的以产品为导向的经营战略。以高增长、占市场,冲规模为主要经营目标,保障型险种和长期期缴产品呈下降趋势,投资分红类险种占比高达90%左右。产品的同质化严重,能满足个性化保障需求的产品创新进展缓慢,长期忽视保险的新单业务内涵价值,使保障型产品的覆盖率较低。行业发展中过分强调规模扩张和增长速度,忽略了增长过程应发挥的社会贡献,以及发展的可持续性和发展成果的全民共享性。

因为保险业的高速发展和为人民的福祉贡献、提高保险业的核心竞争力的贡献、提升全社会的保险意识和行业社会形象的贡献严重脱节,以及在近年来频发的自然灾害面前表现乏力,对国家和社会大众在防灾减损和经济补偿方面发挥的作用较小,使政府在出台相关法规时,不再提及保险。2010年9月1日实施的《自然灾害救助条例》中,已经没有以往出台的相关法规中出现的"保险"字样,十七届五中全会公布提及的所有经济行业,唯独没有保险业。每一年两会的例行政府工作报告中,近十年来,在"加快健全覆盖城乡居民的社会保障体系"固定内容中,只有一年提及

商业保险（2011年）。这些现象，也从某种程度上表现了政府对保险业的功能和社会价值存在质疑。

（二）坚信中国商业保险未来发展的巨大空间

2011年8月，泰康人寿联合北京大学的专家，设计寿险市场调查和评价指标体系。这一体系以中国家庭寿险需求为主题，在国内31个省、自治区、直辖市开展大规模的问卷调查。它的调查项目以家庭为视角，以此了解中国家庭寿险消费的行为特征和趋势。

调查显示：与社保相比，商业人身保险对于提升家庭抗风险能力的贡献度并不突出。在城市和县域家庭资金结构中，所占的比例仅为4.6%和1.1%，而社保这一比例则是15.5%和7.4%。调查还显示，商业人身保险的家庭成员覆盖率低，城市和县域家庭中，商业人身保险的覆盖率仅为31%和15%，而社保这一比例分别达到了74%和77%。在寿险潜在客户的调查中显示，城市家庭中有31.8%的家庭表示未来一年会购买寿险，而县域家庭中这一比例为14.5%。以健康险为例，根据世界卫生组织公布的各国医疗支出构成，我国商业保险在医疗支出中的占比非常低。美国是商业健康保险发展最为成熟的国家，在美国的医疗支出中，商业保险的占比达到36%，个人支付只占12%。此外法国和德国等欧洲发达经济体的商业保险在医疗支出中的占比也在10%左右。中国的医疗支出中，商业保险的承担比例仅3%，另有47%由政府负责，剩余的绝大部分支出都由个人支付，个人的医疗费支出负担非常重。

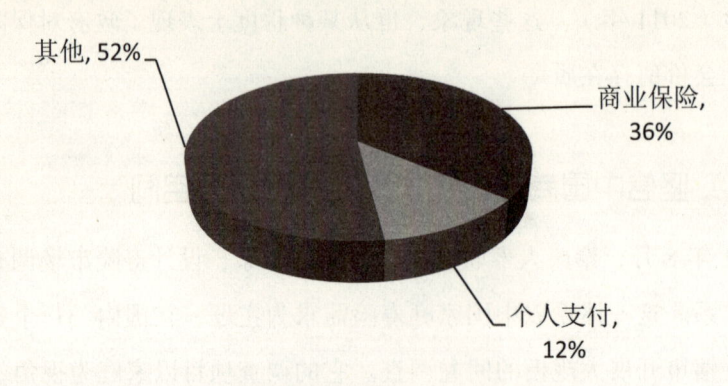

图 5-5　美国医疗支出构成

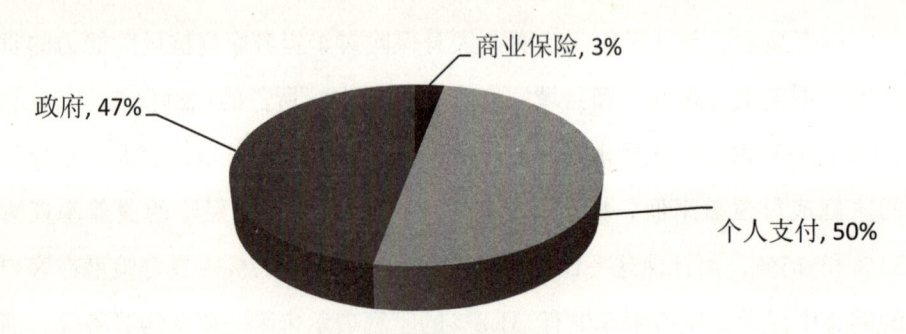

图 5-6　中国医疗支出构成

资料来源：根据周培奇《医疗支出与宏观经济：中国和美国的比较》及相关资料整理。

从投保率来看，中国香港 90%，中国台湾 110%，德国 200%，美国 350%，日本高达 730%，而我国内地目前还不足 10%。2010 年，我国的保险深度 3.65%，远低于世界平均水平的 7.25% 和工业化国家平均水平的 9.18%，密度仅为 165 美元，同样远低于世界平均水平的 554 美元和工业化国家平均水平的 3362 美元。

第五章　全面市场化是保险营销体制变革的必然选择

国家/地区	投保率
中国内地	10%
中国香港	90%
中国台湾	110%
德国	200%
美国	350%
日本	730%

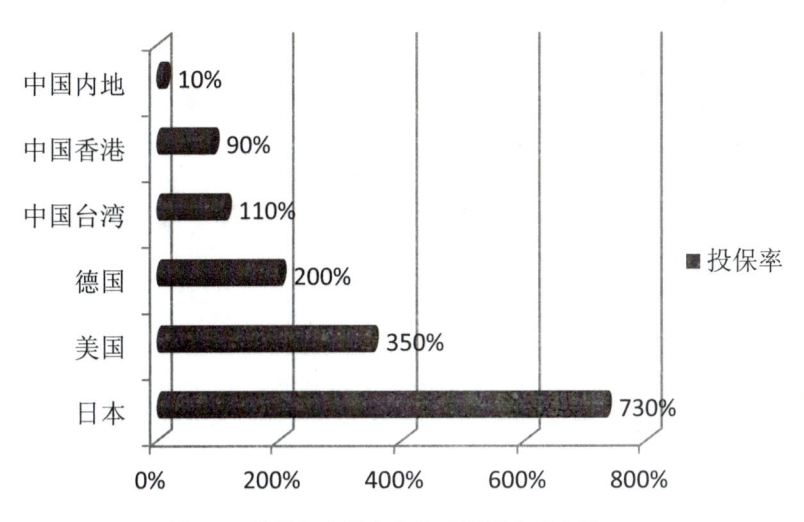

图 5-7　世界部分国家和地区投保率对比图

资料来源：根据相关资料整理。

在西方发达国家，保险公司将居民的保费投入证券市场，占到股市总市值的 20%，美国更是高达 40% 左右，而中国目前只占到 4%。据美国穆迪投资公司的 2009 年统计，中国人口占亚太地区的 33%，但寿险市场只占亚太地区寿险保费的 9.4%。从"股神"巴菲特几十年来的投资结构和主要投资收益来源上看，保险业一直占到其 50% 以上的比例。这也从另一个侧面，让我们看到了保险业这一内生于市场经济制度的产物服务人类，又为人类所依的不可替代价值。

在 2011 年 7 月召开的保险业"十二五"规划工作会议上，时任保监会主席吴定富表示，"十二五"时期，我国的保险深度要争取达到 5%，保险密度达到 2100 元。我们相信，届时保险的"经济助推器"和"社会稳定器"作用，将会在国民经济发展和人民生活中得到更好的发挥。

2012 年 6 月 2 日，由中国银行首席经济学家曹远征牵头的中国银行研究小组指出，2013 年中国的养老金缺口将高达 18.3 万亿元。一时舆论哗

然，人们对未来社保能否解决自己的养老问题深表担忧。不论专家们估算的中国社保缺口是多大，但对于背后深层次的原因都是直指中国人口老龄化问题。

根据国家统计局数据显示，截至 2011 年年底，全国（不包括港澳台地区）60 岁及以上老年人口已达 1.8499 亿，占总人口的比重达 13.7%，与 2000 年第五次全国人口普查相比，上升了 3.37 个百分点。欧洲债务危机表面上是金融危机救助令欧洲政府不堪重负的结果，实际上人口老龄化形成的重压或许才是最根本的原因。中国虽然还不是希腊，但人口老龄化的问题已经开始逐步显现。可以预见，老龄化问题不仅影响着未来中国的社保缺口，还必然深远地影响到中国经济和社会的方方面面。

随着中国经济的高速发展，城市化和工业化脚步将会进一步加快。在这个过程中，我们除了享受经济发展和社会进步所带来的各种利益以外，还要面对和承受由此产生的一系列随之而来的问题。例如，工业化所带来的交通事故和各种意外伤害的增加，环境污染和生态破坏所导致的健康风险增加，平均寿命延长但是患病生存年限也同步延长所带来的医疗费和养老费的大幅增加，子女减少和家庭结构的变化所带来的抗风险和互助能力的降低……其中任何一个不确定的风险发生，都有可能让我们的生活质量大打折扣，甚至因病返贫、因伤返贫、因残返贫、因老返贫。如果我们把解决这些问题的希望寄托在独木难支的社保上，恐怕到时悔之已晚。不如在自己经济能力许可的情况下，采取有效、安全的措施，根据自己的需求，提前运用商业保险对社保的不足之处予以补充，切实做好未雨绸缪工作，使自己和家人免于后顾之忧，享受更高的生活质量。

要做好这种准备，在中国已经有很多家庭具备了这个经济条件。据国家统计局 2012 年 3 月份公布的数据显示，截至 2011 年年底，中国居民的

第五章　全面市场化是保险营销体制变革的必然选择

银行储蓄余额已高达 35.2 万亿元。而且，因为受到欧美主权债务危机和中国经济下行的影响，国内资本市场疲软，各种投资风险增加。从 2012 年开始，居民存款呈大幅增长的态势，据不完全统计，截至 6 月底，全国的居民储蓄存款已快速增加到 39.4 万亿元。

欧美国家的社会保障体系结构为：企业年金 30%，社会保险 30%，商业保险及其他 40%。2012 年 6 月 19 日，中国人民银行公布的《2012 年第二季度储户问卷调查报告》显示，居民偏爱的前三位投资方式依次为：（1）基金、理财产品；（2）购买债券；（3）房地产投资。其中，居民投资商业保险的平均占比极低，和欧美国家社会保障体系中商业保险占近 40% 的比例相差甚远。应该说，只要我国商业保险的环境能够得到有效的改善，民众运用商业保险对社保的不足部分进行有效补充，利用商业保险中保障类险种的高杠杆功能，有效转嫁和化解各类人身风险。无论从经济的角度还是市场的角度来看，都是具有现实意义和切实可行的。

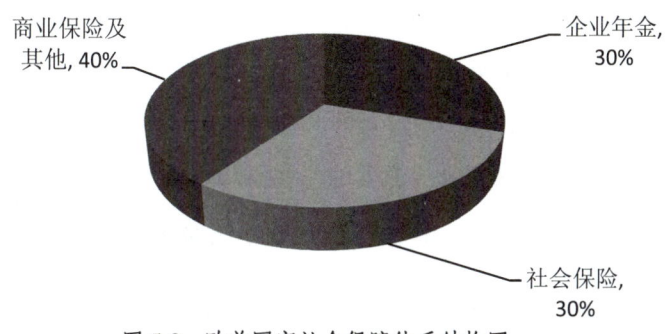

图 5-8　欧美国家社会保障体系结构图

资料来源：根据相关资料整理。

综上所述，无论是从我国商业保险发展和社会需求的层面分析，以及保险在防灾减损和经济补偿中的价值贡献，我们和西方发达国家的差距还很远。如果再从中国经济未来持续发展所带来的老龄化社会问题，家庭理财和风险规划问题，以及日益上升的各类社会系统风险等，还有以上调查

所显示的巨大的潜在的保险发展空间来看，中国的商业保险市场，尤其是寿险业，都会维持很长一段时期的高速成长性。

为了确保 2020 年全面实现小康社会的宏伟目标，中共中央在十八大报告中提出"实现国内生产总值和城乡居民人均收入比 2010 年翻一番"的双目标。根据这个目标，有专家预测，10 年内中国的中等收入群体有望翻番，2012 年会达到 40% 以上，规模将扩大到 6 亿人左右。

我国经济的持续稳健发展，必将大幅提高人们对物质生活和精神生活的各种需求。商业保险所具备的不可替代的价值和功能，将会更进一步地得到人们的普遍认同。可以预测，在未来很长的一段时期，中国的商业保险必将跨入一个前所未有的黄金发展期。

三、保险营销体制全面市场化的发展趋势判断

笔者认为，既然保险业近三十年的发展证明，是改革开放和体制创新在推动行业的快速发展，那么，根据外国保险业一百多年的发展轨迹和市场经济的内在发展规律来看，要想根本改变现存保险营销体制的弊端（前面所涉及的过渡期办法只能是短期的、缓和体制矛盾，以免引起保险业出现大幅动荡的权宜之计），解决问题的根本出路在于深化体制改革。

在 2012 年 10 月保监会的 83 号文中，保监会表达了坚定的改革态度，提出明确的改革方向和目标。但是，这只是一份指导性的文件，并没有具体实施措施，同时，保监会给予保险公司的改革方式十分灵活，创新空间也很大。我们要注意的是，这个高姿态也会带来评判改革缺少衡量标准、改革过程难以把握等问题。

最重要的是，此次的改革方向依然没有摆脱仍局限于保险业内部资源

第五章 全面市场化是保险营销体制变革的必然选择

配置和调整的框架。例如对保险营销的新模式、新渠道创新，主要鼓励保险公司成立自己的专属销售公司，与保险中介的合作、鼓励社会资本设立保险中介公司、支持保险中介公司开展寿险营销业务等，这些政策性的方向指引，无疑是正确而及时的，也符合行业未来的主流发展方向。但是，我们必须看到，此次保险营销体制改革已经超越了保险营销的本身，它不仅仅是保险公司内部运作体系的改革，也不仅仅是传统的保险业内的资源整合改革。

对待这次改革，我们不妨站得更高一些、让视野更开阔一些，更系统化地去思考这个问题。因为根据实践证明，影响营销体制的还有围绕营销的一系列问题，如勘察理赔、产品销售、客户服务、培训教育和营销员组织的合法地位等。如果这些问题依然停留在保险企业内部改革的话，改革就很难取得预期的效果。所以，仅靠保险企业内部的运作体系改革和营销渠道创新，并不能解决体制性的根本问题。

应该说，无论从行业发展的微观层面来看，还是从我国经济所面临的转变发展方式的宏观层面来看，83号文都是我国保险营销体制推进全面市场化的最佳时机。此次改革，不应只局限由单渠道转向多元化，由粗放转向集约，更应该借此机会由局部市场化转向全面市场化。打破一直以来保险营销体制只局限于各保险企业对内业务渠道管理，对外产品销售的单一的、局部的市场化格局，因为围绕营销渠道的整个产业链一直没有市场化，例如勘察理赔、产品销售、客户服务、培训教育和营销员组织的合法地位等。目前的营销机制使行业的资源配置重叠浪费，经营成本高企，管理效率低下，难以形成细分市场的竞争优势。通过整个产业链的全面市场化的资源配置方式，大力推进行业的充分竞争和制度创新。以此提升行业整体效率，最终达成整合所有社会资源，实现公平、公正、多方共赢的发展格局。

保险营销体制未来变革的主要方向应该是全面市场化。也可以说全面、深入的市场化应该是这一体制变革的核心指导思想。所谓的市场经济，根据美国著名经济学家萨缪尔森的解释，是一种主要由个人和私人企业决定生产和消费的经济制度。我国经济学家张维迎在《市场的逻辑》一书里认为，只有市场经济的这种体制才能为社会创造巨大的财富。他借经济学鼻祖亚当·斯密在他的名著《国富论》里提到的一个概念："看不见的手"。就是指在市场经济中，每一个人都在追求自己的利益——这个利益是广义的，包括追求自己的财富，也可能追求自己的名声。但有一只看不见的手，使你在追求自己利益的时候，为别人所创造的价值，比你主观上想着为社会做贡献创造的价值更大，这就是市场经济的奇妙之处。那么，什么是市场呢？市场就是好坏由别人说了算，不由自己说了算的制度。而什么是市场化呢？就是这种制度成为社会经济活动中普遍性的行为准则。

（一）市场经济对人类社会的重大影响

市场经济对人类的贡献，根据美国加州大学伯克利分校经济学家德隆（J. Bradford Delong）的研究，在人类史上，从旧石器时代到公元2000年的250万年间，人类花了99.4%的时间，在15000年前，世界人均GDP达到了90国际元（这是按照1990年国际购买力拟定的一个财富度量单位）；然后，又花了0.59%的时间，到公元1750年，世界人均GDP翻了一番，达到180国际元；从1750年到2000年，即在0.01%的时间里，世界的人均GDP增加了37倍，达到了6600国际元。简而言之，人类97%的财富，是在过去的250年——也就是0.01%的时间里创造的。

根据德隆的研究，我们发现，从250万年前至今，在99.99%的时间里，世界人均GDP基本没有什么变化，但是过去的250年里，突然有了

一个几乎是垂直上升的增长。世界上最主要的发达国家也是如此,无论是西欧的衍生国如美国、加拿大、澳大利亚,还是西欧本身,包括英国、法国、德国等几个国家,抑或是后起的日本等,经济增长都主要体现在过去的一两百年时间里。而我国经济的快速增长则主要发生在改革开放的过去30年里。如果从长时段的历史角度来看,1980年中国人均收入相当于西欧公元1200年的水平,落后了780年。而到2010年,中国的人均收入已经达到西欧二战前水平,将落后时间缩短到80年。也就是说,中国只用了30年的时间,将与西欧780年的差距缩短为80年。

为什么人类的前进只在过去的250年里出现,中国经济快速增长也只在过去的30年里?难道是在过去的250年里,人类变得更加聪明了吗?比过去的人类智慧更高了吗?当然不是。人类的智商、智慧,在所存在文字记载的历史上,并没有太大的进步。今天的中国人再聪明,也没有几个能超过孔子、孟子、老子等。西方也一样,人类的智慧在过去的两三百年内也没有太大的变化。

难道是地球上的资源更多了?更不是。人类的资源不仅没有变多,反而与土地相关的自然资源还在逐渐减少。那是什么发生了变化?我们能解释的唯一答案就是人类实行了一种新的经济制度,即市场经济制度。市场经济自15世纪末在葡萄牙海岸萌芽,到西方国家在200多年前开始全面施行以来,它们的整体国力和人民的富裕程度都出现了根本性的变化和质的飞跃。中国在30多年前开始走向市场经济的道路,所以,中国同样在过去的30多年里,也发生了巨大的飞跃(张维迎《市场的逻辑》,2010年)。

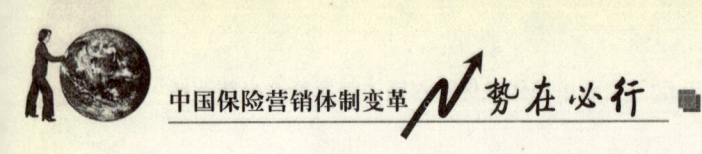

（二）保险中介在保险营销体制变革中的价值分析

综上所述，笔者认为，既然市场经济这一体制是人类 250 万年来所实践证明的最有效的一种经济体制，一种由市场来进行社会资源调节和分配的一种体制。那么，在我国运行了 20 年的保险营销体制，当它面临诸多发展困境，每况愈下时，选择全面市场化的改革发展道路，从长远来看应该是最优选择。通过市场那只"看不见的手"的调节，充分整合全社会资源，最终实现资源的最优配置，提高渠道营销效率、降低企业经营成本、分散各类细分市场的经营风险，提升保险服务质量和社会形象，推动保险业进入一个持续健康的发展轨道是完全有可能实现的。

就发达国家近几十年的发展趋势来看，通过全面市场化的方式几乎是解决保险业发展到一定阶段所遇到一系列问题的必然选择。其中，运行最为成熟的当为保险中介。只有大力发展保险中介市场，才能实现产销分离。保险中介是保险市场发展到一定阶段后市场细分的必然产物，在发达国家，中介已成为保险市场的重要渠道。如 2009 年，美国专业保险机构的寿险保费收入占比达 57%，欧洲为 27%。其中，英国的保险市场有保险公司 80 多家，而保险经纪公司就超过了 300 家。2009 年通过独立的保险经纪人和理财顾问实现的长期寿险保费收入占同类保费总收入的 68%。而日本则依靠全员签约的员工制代理人和代理店制度，实现保费收入超过全部保费收入的 80%。

反观我国的保险中介现状，根据保监会发布的《2011 年保险专业中介机构经营情况报告》，截至 2011 年年底，全国共有保险专业机构 2554 家，其中全国性保险专业代理机构 32 家，区域性保险专业代理机构 1791 家，保险经纪机构 416 家，保险公估机构 315 家。全国保险中介机构总资产达 170.94 亿元，同比增长 25.7%。2011 年全国保险专业代理机构实现

保费收入529.72亿元，占2011年全国保费1.433万亿元总收入的3.7%，其中人身险保费收入203亿元，占2011年全国保费9721.42亿元总收入的2.09%。而专业中介机构寿险保费的收入不到总保费的1%。

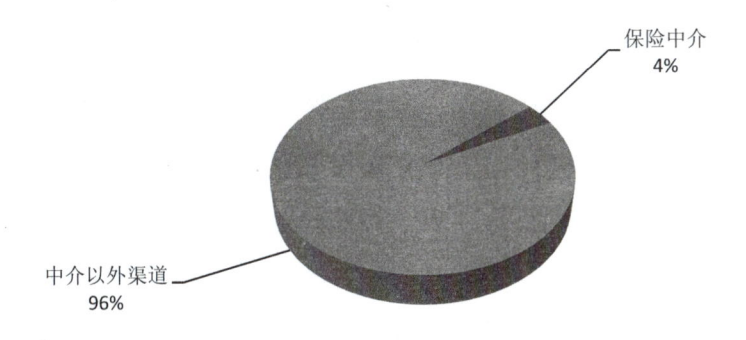

图5-9　2011年全国总保费中保险中介渠道占比

图5-10　2011年全国总保费中中介渠道人身险占比

资料来源：保监会《2011年保险专业中介机构经营情况报告》。

通过中外保险中介市场的对比，我们不难发现，全面市场化的发展方向和以保险中介为主渠道的营销模式，以及围绕保险营销的培训、理赔、核保、电销、社区门店和网络等多形式、多渠道的市场细分和社会资源的多元化整合，才是我国保险业当前应该高度重视并着手引导、实施变革的首选之路。

四、全面市场化变革的宏观层面建议

第一，政府和保险监管部门要调整监管理念，充分发挥保险业监管部门的方向性决策和引导作用。无论从保险监管部门近年出台的针对保险营销行为的规章制度颁布的频率、节奏来看，还是从内容的规范细节，词、字使用的细化严谨和惩处的力度来看，监管正在呈现越来越细、越来越全面、越来越严格和力度越来越大的趋势。从这一监管趋势的背后不难看出，监管部门整治保险乱象、维护消费者利益和保险行业社会形象的用意和决心。如在2011年的全国保险监管会议上提出的"要让理赔难和销售误导成为过街老鼠——人人喊打"、"监管工作要严字当头"、"下决心、动真格、出重拳，打一场整顿治理的攻坚战"等严厉的措词来看，保险监管部门高度关注保险业存在问题的严重性，以及决心维护消费者利益和严惩营销违规违纪的力度。

第二，有力的惩罚力度，无疑会提高违纪违法者的成本，起到一定威慑作用，阻止违纪违法现象的发生，但是它并不能起到真正治本的作用。因为保险营销市场之所以出现整体性的"三不认同"现象，以及从业人数下降、行业形象不好、销售误导增加的趋势，如前文所述，究其根本原因并不是营销员自身的问题，而是现有的营销体制已无法适应经济社会发展。简而言之，根源在体制，在于这一体制下的制度性安排和资源配置方式。经济学鼻祖亚当·斯密就制度对人的影响曾尖锐指出："问题的关键不在于人的身份、人的天性之良莠，而在于产生恶德的制度、体制。"

保险监管部门近年来密集出台的各类规范、惩罚营销行为的规章制度不是没有必要，而是这种单一的监管措施和思维模式，是不可能将现在的保险营销市场存在的问题予以根本解决。反而有可能导致行业加快萎缩，甚至向我们预期的相反方向走去。

第五章 全面市场化是保险营销体制变革的必然选择

近年，有不少保险企业的基层管理人员和营销员反映，随着监管力度的加大和监管措施的细化，已对基层公司的正常运营和业务发展形成了较大的压力和阻碍作用。由于对监管的顾及太多，加之来自公司内部考核的巨大压力，使他们已无法开展正常的市场营销工作，因而焦虑不安、茫然无措，甚至战战兢兢。

根据麦培兰所著的《组织行为学》（2000）一书中，有关情绪对行为影响的实验证明："焦虑使人的认知水平和操作水平下降；挫折感使人的行为具有攻击、冷漠、幻想、退化、固执和妥协等倾向。此外，悲哀、愤怒、倦怠等消极心理会使人感到厌烦、消沉和枯燥无味，对创造性思维产生一系列消极影响。"在这种状态下，保险从业人员的工作效率下降是难免的。

（一）政府应加大政策扶持力度，全面提升变革效率

第一，努力争取并整合各级政府部门的公共资源，切实解决保险营销员的法律身份问题，以及享受基本社保、承担过多的不合理税收等一系列久拖不决的问题。因为这些问题是保险营销员流动量大、产生短期销售行为的根本原因，也是现在营销员和保险企业矛盾日益加大的原因之一。

第二，利用各种渠道和方式，特别是借助媒体的力量加大保险宣传。如中央电视台和国家级媒体网络等，加大保险功能、保险基础知识的普及和正面宣导。充分利用保险宣传平台，在一些影响较大的媒体上开辟固定专栏或专题节目，大力营造健康、科学、有力的舆论环境，整合行业资源，探索保险题材的影视剧等创新性载体，立体多维地将保险文化推向社会。消除消费者对保险的一些片面认知和误解。通过向中央政府及各部委的反映和沟通，积极推进保险知识进入中、小学课本，以发展的眼光切实

93

提高全民保险意识。在当前的宏观环境下,经济的三驾马车出现投资不足、外贸下滑、消费不振。尤其从我国政府已明确转变经济发展方式的长远战略来看,持续推动内需增长将是我国经济保持稳定发展的核心动力。而保险业通过提高风险管理和保障服务,充分发挥平滑跨期风险,提供经济补偿功能,降低人们对预期的后顾之忧,无疑会促进即期消费。

在未来相当长的时间里,保险监管部门应提高和政府相关部门的沟通效率,让政府看到商业保险在完善社会保障体系、维护社会稳定,推动经济体制改革以及数据分析、概率精算和风险管理中的专业优势,给予一定的资源倾斜和政策支持,让保险业能够更好地参与社会管理活动,充分体现保险在人民生活和经济发展中的应有价值。

第三,适当放宽外资保险公司在华的经营条件和经营环境。加大引进西方先进的保险管理观念和运营技术,为我国保险营销体制改革提供可借鉴的管理、投资、产品研发等创新性思路。

(二)着力营造有利于保险营销体制变革的外部环境

第一,提高商业保险在完善社会保障体系中的价值。我国目前的社会保险覆盖率过低、期望值过高、保障程度较低,而商业保险却没有起到应有的补充作用。政府和监管部门应分步骤、有节奏地加快保险市场开放速度,降低保险公司和保险中介的准入门槛。如一味限制和抬高准入门槛,虽然在某种程度上可以降低监管难度,但是,必将制约保险市场的竞争性发展,抑制行业的创新活力。在降低行业准入门槛后,及时调整监管方向和策略。同时,从政策层面鼓励、引导保险企业和保险中介机构形成各自具有差异化竞争优势的细分市场,如我国当前急需补充和完善的社保不足领域的保障有健康险、养老险、高端医疗险、护理险、责任险和各类财产

险等。另外，能否从政策层面切实推动养老保险、护理保险和健康保险等险种，实现类似外国政府所采取的费用补贴或税前列支的方式，加快完善我国社会保障体系，发挥商业保险应有的补充功能和价值。

第二，在保险营销体制变革的过渡期，从政策层面推动保险营销体制变革具备公平性和合理性的基础。我国目前的保险同业公会和保险行业协会，其会员均为各保险公司和保险机构。而此次变革的重点将涉及300多万营销员。保险监管部门应积极推动保险营销员成立自己的组织，类似于香港的"保险联合会"、"香港保险总工会"、"寿险总会"、"寿险工会"、"经纪人工会"等属于保险中介渠道，能代理中介利益和诉求的组织，形成一个在变革的过程中能和保险公司平等协商、民主决策的对话机制，同时也为政府监管部门解决保险市场的问题提供一个公平的三方协调平台。推动立法机构，以法律的形式明确营销员组织和保险同业工会、保险同业协会和各保险公司具有平等的法律地位，为监管效率的提高提供一个更为平等、全面的法律前提条件。

第三，加快推动利率市场化的步伐，将定价权逐步交还给保险企业。只有通过市场机制，才能促进市场竞争和创新、规范行业发展，从而提高社会整体消费者的福利。同时，放开稳定利率，以及放松价格管制，促使保险业务更多地向经营效率高的保险企业集中，有效激励经营效率低的企业降低成本，从而全面提升保险市场的整体效率。

第四，从政策层面推动改变保险企业经营战略导向。由于国内各大寿险公司盲目抢占市场份额，一味追求保费规模，一方面直接导致营销员短期行为发生，另一方面也直接导致各大寿险公司分红险占比近90%、以产品为导向的经营模式。这个险种结构，使保险业远离保障本质，深度参与社会管理的功能也大为降低。保险监管部门应积极推动保险企业转变经营

导向，提示经营风险，要求保险企业从产品设计到销售模式都应随之调整。正确引导消费者优先购买保障型产品，切实补充、完善社会保障体系，提高国民总体保障水平。

保险首要提供给消费者的应该是专业的风险管理，即通过专业的风险管理来为消费者提供互助式的风险保障，同时，这也是保险业为中国经济发展保驾护航的重要使命。

（三）着力推动中介市场的结构调整和产业升级

保险中介，是介于保险经营机构之间或保险经营机构和投保人之间，专门从事保险业务咨询与销售，风险管理与安排，价值衡量与评估，损失鉴定与核算等中介服务活动，并从中依法获取佣金或手续费的单位或个人。

通过西方发达国家上百年的保险市场实践证明，保险中介的存在，首先降低了由于信息不对称而导致的投保人和保险人的双重风险，大大提高了市场效率。其次，保险中介以其专业的优势，为保险双方提供信息服务，有效地降低了双方的交易费用，维护了市场的公平竞争，也在一定程度上减少了保险市场的逆向选择与道德风险发生。保险中介大力推动了保险业的专业化水平，有利于建立和完善保险企业信誉，从而有效地提高了整个社会福利水平。

我国保险中介机构的发展，目前还处于初级阶段，和国外相比保险业的产销分离只处于萌芽阶段。在市场化程度较高的西方国家，保险业的生态链上，保险企业和中介结构分别处于上、下游，而且由大量中介机构为少量保险公司提供增值服务，即"小保险大中介"。在这个格局中，保险公司的职能是产品设计、风险承保，并实施资金运作，履行保险保障职能

等。而保险中介机构,因手中握有大量的客户资源,起到渠道作用。中国目前的现状却是"大保险小中介"。中国的保险企业集产品研发和销售为一体,还自己核保、理赔、培训等。而且几乎所有具有一定规模的保险企业都有自己的销售队伍。在这种格局下,保险企业可以不靠中介机构而自成体系,而中介机构却只能依靠保险企业生存。从保险企业的角度来看,中介机构的出现,不仅抢夺了他们原有的客户,更是抢走了本应属于他们的佣金和收入,也意味着动摇了保险企业庞大的利益既得群体。

基于我国目前中介渠道的弱小,加之各大保险企业对中介的排斥和挤压,使我国保险中介渠道的保费收入近年来只占到总保费收入 5%左右的现状,形成了保险企业绝对的市场垄断优势,导致中介渠道的市场话语权极其微弱,在强势的保险企业面前,几乎没有任何讨价还价的余地。在这种市场环境下,要等待中介市场的自然发展来促进保险企业放弃自己的营销队伍,必将是一个漫长的过程,行业也要付出更大的代价。所以,监管部门在 83 号文下发以后,一方面应对各家保险公司的体制改革,根据相应的政策指导措施和节奏,设定改革期限、方法、措施和业务分流比例。为整个保险业的专业化、职业化和市场化的发展提供明确的指导方向,强力推进保险中介机构与保险企业形成合理的市场分工,采取一系列具有实质性的推动、深化行业变革的措施。积极发挥保险中介在承保理赔、风险管理和产品开发等方面的优势作用。

2011 年,保监会在《"十二五"期间保险中介市场发展与监管研究》中明确表示要加大吸引利用境外资本力度,支持机构间的兼并重组,支持上市融资,突破保险中介的资本"瓶颈",鼓励建立全国性服务网络,发挥规模经济效应。因为以前国内的保险专业中介往往规模较小、管理松散,如今这一现象得到一定程度的改观,较为明显的就是一批具有相当资本实力和规模的大型中介开始崛起。

而 2012 年的保险中介市场，则进入了一个"严进宽出"的时期。2012 年 3 月，保监会暂停金融机构以外的所有保险兼业代理机构资格核准；6 月下发了《关于进一步规范保险中介市场准入的通知》，除继续受理保险中介服务集团公司以及汽车生产、销售和维修企业、银行邮政企业、保险公司投资的注册资本金为 5000 万元以上的中介机构外，暂停其余所有保险专业中介机构的设立许可。保险中介市场的准入门槛再次被提高。在"严进宽出"指导思想下，中介市场"存优驱劣"俨然成风，监管层也有意要树立一批典型的中介公司，以此提振专业中介公司的市场声势。

保监会在保险体制改革启动之际，同时大幅度提高中介准入门槛，使保险营销体制的改革有了坚实的落脚点，为保险公司的销售提供了一个较大的承接敞口，也为保险营销体制改革提供了一个相得益彰的创新模式。但是，仅仅提高准入门槛并不能解决营销体制的所有问题，因为准入门槛设置过高的话，也会过分抑制优势资源进入，不利于激活市场的创新活力。所以，在提高准入门槛的同时，监管部门还要加大对中介渠道的政策扶持力度，通过政策性和市场化的引导，使中介渠道快速向专业化、职业化、规模化、规范化方向迈进。与此同时，还要大力发展专业化培训公司，理赔、核保公司，以及电销、门店、加盟店、社区驻点、连锁、电子商务（网络、移动互联网）、交叉销售、DM 直销等全方位的市场化布局。相信市场"无形的手"在政策的引导和规范下，一定能较快实现资源和效率的最优配置。

在当前的市场环境和氛围中，我国保险中介市场虽然也取得了一定的发展，但总体来说，还存在规模较小、品牌很少、专业化程度较低等问题。急需进行结构转型和产业升级，甚至要引进海外管理技术来加快推动国际化进程。保险中介市场的发展，就需要保险监管部门加强对保险中介

第五章　全面市场化是保险营销体制变革的必然选择

机构的政策扶持力度，增加全社会对保险中介市场的认知度，使消费者认识到专业保险中介的优势，进一步推动我国保险中介的快速发展。特别是要引导、鼓励、支持保险中介机构全面向寿险代理转型，促进寿险营销体制变革。同时，还要针对目前保险中介机构多、规模小、市场管理比较混乱的情况予以整治，集中力量对保险中介市场进行清理整顿工作，推动保险中介市场向规范化、专业化和品牌化方向转型。

最后，政府和保险监管部门还应搭建多渠道的保险中介市场和保险企业之间的合作沟通平台，系统化整体推动保险业产销分离。帮助中介机构上市融资，推动机构整合和集团化经营。给予相应的优惠政策扶持，推动中介机构全面参与市场化和国际化的进程。

（四）调整监管的目标和职能，适应快速发展的保险市场

根据国际保险监督官协会（IAIS）的保险监管核心原则，监管的主要目标是：为了保护保险持有者的利益，促进一个有效、公平、安全和稳定的保险市场。但我国保险监管目前由于受成本约束、技术条件、信息不对称及监管激励等因素的影响，特别是受到监管资源有限的制约，保险监管已难以适应我国保险业快速发展的要求。

在欧美成熟的保险市场，监管部门的目标和任务相对比较单一。监管的目标是保护保单持有人的利益，主要任务则是对保险机构的偿付能力进行监管，保证保险公司具备充足的偿付能力即可。而在我国，保险监管部门肩负的任务十分繁重，既要承担加强保险机构偿付能力的监管，又要承担保护消费者利益的任务，还要面临保险市场秩序不规范、保险机构经营不合规问题的管理压力，同时还要肩负推动行业改革发展的重任。以上的监管现状，说明我国保险监管部门确实面临较大的压力和挑战，尤其是处

于我国市场经营体制不完善，法制、信誉环境还不尽如人意时期。但是，中国保险市场的快速发展现状又离不开这种监管状态，这就要求我们的监管部门在做好以上工作的同时，还要着力调整监管目标和职能，与时俱进，在"控制"和"放手"之间寻找一个符合保险市场动态发展的平衡点，以适应中国保险市场的快速发展要求。

五、全面市场化变革的微观层面建议

保险营销体制的改革，是一个牵动方方面面的系统工程。其中，既有需要政府和主管部门的政策性导向和扶持，也有保险企业顺应时势，形成一整套与政策相对应的具体配套措施，使变革向预定的时间和目标顺利推进。

（一）保险企业应加快推动部分营销精英的转制工作

2009年，保监会在有关营销体制改革的《意见》征求稿中曾提出，要对保险营销队伍进行多元化试点改革，其中第一条就是：保险营销员可以成为保险公司员工。然而，在2010年出台的正式《意见》中，却没有提到"员工制"，转为鼓励各保险公司与中介机构探索新模式、新路子，逐步实现保险销售体系专业化和职业化。在2012年10月8日保监会下发的《关于坚定不移推进保险营销员管理体制改革的意见》（以下简称83号文）中，已经改成"引导保险公司采取多种灵活形式，为营销员提供劳动者基本的法律身份、薪酬待遇和社会保障"。83号文针对营销员身份的转型问题，没有否定员工制的方式，给了保险企业更为广阔的选择空间。

据说是"员工制"的提法当时遇到各大保险公司的一致反对，原因主要是成本太高。后来，保监会被迫将"员工制"删除。不管情况是否属

实，笔者认为，在改革的过渡期，保险公司可以采取"双重"制度。就是与30%的营销员签订劳动合同，与70%的营销员签订代理合同。

保险公司先将部分营销精英有条件地转为员工制，不失为一条具有发展眼光的远见之举。首先，成本并不是问题。有人经过测算得出，如果就按300万的有效营销员转制计算，每人每月1000元的底薪，不算三险一金，中国人寿约每年支出88亿，平安49亿，太保30亿。以这个标准改革成本确实较大，若采取渐进式的改革，则可行性更大。可以先将30%的营销精英和主管进行首批"员工制"转制，如此，各公司的转制成本就可以下调近70%。以中国人寿为例，按20万员工转制计算，公司只需投入24亿元，如再加上保险公司每年给每位营销员投入约3000元的社保标准计算（扣除营销员自己投入的1000元），则保险公司每年实际给每名营销员投入2000元，20万人共4亿元，两项共计28亿元。这笔费用支出在中国人寿每年100多亿元的培训费支出和近20亿元的附加佣金中，只要稍做调整即可解决。根据笔者了解，培训费在各家保险公司中被统筹安排、调整为其他渠道费用的现象极为常见，且数额不低。

对这30%的转制营销员筛选，可以采取入司年限+职级+业绩贡献+资质认证+相应激励措施等方式实施。随后形成一套制度化的、有节奏的、可控制的长期性人才激励机制。此举有三大好处：一是能留住具有丰富管理经验的团队管理人才，为保险公司未来成立自己的中介公司储备一流的管理类人才资源，在深层次体制变革之前，占尽人才先机。

管理学大师彼得·德鲁克曾说过："未来的总经理99%将从业务员中诞生。"把一些综合素质较好、具有一定专长的营销员充实到公司相应的管理决策层岗位，利用他们丰富的市场实践经验和敏锐度参与企业重大决策，使企业的决策因素更加多维，更能满足市场需求。包容并尊重营销员

经由市场锤炼、锻造的独特个性和思维方式。在实现人力资源最优配置的同时，给予个人充分发展空间，让他们看到希望和未来。果断打破营销员职业生涯里的一个关键性的发展瓶颈，形成一个纵向突破的、平等的、流畅的人才流动机制。这才是一家企业对员工的最大尊重。它也是充分调动营销员自身内在驱动力，并形成良性的自我激励、建立长期稳定归属感的根本保证。二是留下具有丰富市场实践能力的营销精英人才，可以为保险企业未来的产业升级、结构调整、占领高端客户市场做好充分的准备。三是此举可以提升行业的社会形象。有选择性的30%转制精英，对提升保险业诚信营销、服务质量、管理效率，增强保险品牌效应、吸引优秀人才加盟等方面都会带来积极正面的社会影响和效果。盛田昭夫曾说过："只有一流的人才才会造就一流的企业。"保险业当然也不例外，尤其是这些经过多年市场和团队历练的一线人才，更是尤为难得。

营销管理大师菲利普·科特勒在他所著的《营销管理》（2010）一书中指出，打造一支成功销售队伍的关键是挑选高素质的销售代表。因为通过调查显示，在销售排行榜中，前27%的销售代表创造了52%的销售额。根据萨缪尔森对"效率工资理论"的研究，高收入是提高工作效率和留住优秀人才的有效方法。亚当·斯密早就明确提出："充足的劳动报酬……是勤勉的奖励，勤勉像人类其他品质一样，越受奖励、越发勤勉。"同样的道理，保险企业为了留住一流的营销精英，赢得未来的市场竞争优势，在特殊时期增加一定的成本投入，是符合企业发展周期理论和管理经济学基本原理的。

（二）改革应充分尊重营销员的合理诉求，力求多赢

过去，各家保险公司曾多次调整涉及营销员最大利益的"基本法"，然而每次都没有切实征求营销员的意见，这也是导致营销员对公司严重不

满和没有归属感的原因之一。

根据法律规定，营销员属于（个人）保险代理人。我国《保险法》第117条将保险代理人解释为："根据保险人的委托，向保险人收取佣金，并在保险人委托授权范围内代为办理保险业务的机构或个人。"《保险法》第126条规定："保险人委托保险代理人代为办理保险业务，应当与保险代理人签订委托代理协议，依法约定双方的权利和义务。"也就是说营销员与保险公司之间是一种代理与被代理关系，且是一种委托代理关系，双方的权利和义务是通过双方的代理协议约定的，因此（个人）保险代理人与保险公司之间的关系，是一种平等的代理与被代理的民事法律关系。

然而，在现实中，保险公司和营销员签订的委托代理协议或合同，每一次都是保险公司单方拟定好内容，营销员即便对其中诸多不合理的条款持有异议，结果也只能选择签或不签。营销员和保险企业作为平等的民事主体，按法律规定，民事活动应当遵循自愿、公平、等价有偿、诚实信用的原则。而这个代理合同一向都是保险企业自行制定，并没有与营销员共同协商，是强势的一方强加给没有话语权的弱势营销员群体的行为，且在合同中明显增加了自身的权益而减少了义务，显然违反了签订民事合同应遵循的"公平原则"。二十年来，保险营销员一直没有取得和保险企业平等协商的权利。这种不平等的现象还体现在保险企业在管理中对佣金的随意调整，运用行政权力强行拆分血缘团队，以及实施严格的"员工"式管理方式和克扣、挪用佣金上等。这些行为，都进一步使营销员普遍感到没有受到起码的尊重和平等对待，这也是矛盾的根源之一。其实，人们永远乐意为尊重自己的公司而努力工作。所以，此次变革，保险企业应充分尊重营销员的意见和建议，让变革的主体——营销员群体平等地充分参与变革，使此次变革的结果能真正符合各方的利益诉求。

我们有理由相信，保险企业特别是那些规模较大的保险公司，凭借自己的雄厚实力、市场品牌效应和广阔的客户网络基础，只要对此次改革有清晰的认识，只要决策者能摆正位置，只要做好充分的准备工作，真诚地走进营销员，动之以情、晓之以理。通过适当的宣传和反复的沟通，就一定能取得他们的理解、支持和配合。那么，保险营销的体制改革就会在一种具有建设性的良好氛围中，顺利地实现预期效果和目标。

（三）保险企业应及时转变传统的营销管理模式

保险企业可以在转型期通过提高营销员准入门槛，运用等级资格认证等方式提高人均产能，增加收入，优化队伍结构。建立一个完善的考核激励机制，充分调动营销员的积极性，增强职业稳定性。例如，可参考香港国卫保险对营销员新颖的激励方式：规定营销员电话访客、登门面见访客的最低次数，超标完成就有奖励，未达标者除扣分外，而且和年终奖挂钩。此举受到营销员的普遍欢迎，因为这种激励措施既可以推动展业，又可以增加营销员的收入。大力推进社区门店、保险超市、连锁加盟店等创新营销模式，提高保险的社会渗透率和服务质量，利用保险企业的培训优势，送保险培训下企业、下社区、下学校等，强化社会的横向合作力度。同时，建立一个科学、严格的准入与退出机制，只有如此，这个机制才能算一个完整的用人机制。

（四）健全培训体系，强化执行常态培训流程

鉴于保险行业的特征，保险企业应将培训体系参照境外先进保险企业的做法，并和我国保监的相关要求联系起来。诸如衔接新人培训、入司上岗培训、转正培训和各职级晋升维持培训。还有各种技能和综合素质提升培训，针对不同的入司年限、绩效表现、职级而制定的定期培训和轮训

等。将制式培训和非制式培训、短期培训和长期培训、专业培训和非专业培训有机结合起来，并使之系统化、制度化、常态化。也可以参照香港保险业的做法，设定一系列从业资格考试，鼓励营销员参加政府的劳动就业和劳动技能认证部门组织的各类培训，以获取相应的专业等级证书，企业将这些合法专业的认证与企业的奖励、晋升等挂钩。在香港，要成为一名合格的营销员，至少要通过六类考试（保险基本原理、财产保险、人寿保险、强积金计划、投资连结保险和旅游保险等），还大力鼓励营销员参加社会上的各类培训，如国际理财规划师、精算师、金融风险管理师和金融分析师等金融投资类认证考试，以全面提升营销员的专业化水平和服务质量。

在我国，保险企业完全可以将目前国家劳动部门的职业技能认证，以及行业协会推出的各类从业资格证书和营销员的费用报销激励机制挂钩，如理财规划师、寿险管理师、员工福利规划师和寿险理财规划师等金融投资类和行业管理类认证。以期不断提高营销员的专业技能、服务质量和社会形象。

以上的所有培训体系建立，要想看到效果，唯有系统化、制度化、常态化地执行和落实，杜绝"立竿见影"的急功近利培训心态，否则体系建立得再完善、再科学，最终对营销员的素质提升都不会起到根本的改善作用。因为，一直以来保险业对培训就有一段广为流行的评价："说起来，培训非常重要。忙起来，培训就不那么重要。一旦冲刺业务的时候，培训就一点都不重要了。"

（五）保险企业应对内部人力资源实行全面精简和优化

根据企业制定的主渠道变革要求和变革步骤，大力精简和优化人力资

源结构。调整优秀管理人配置到转制的营销队伍管理的相应岗位,同时对未转制营销队伍进行优化,大力提高队伍的全职在岗率和职业化水平。根据保险企业成立专业中介或销售公司的时间规划,以及外部保险中介市场的发展情况,提前进行市场调研、数据分析和可行性评估,对改革的时间、方法、路径和举措等,都要根据保监会 83 号文中明确的改革时间表,为保险营销体制的全面改革做好一系列的具体战略部署和准备工作。

六、提高未转制人员在过渡期内部分险种的前期佣金收入

针对未转制的 70%营销员,在不改变现行佣金制的基础上,建议保险公司暂时签订代理合同,在过渡期内提高前期佣金收入,提高营销员的福利待遇,解决或部分解决、分阶段解决他们早就应该享有的社保问题。之所以在这里提出增加未转制人员的前期佣金收入,主要是基于社会将保险市场发生的不良现象归咎于营销员这一群体,以及未转制的 70%营销员群体如何在转型期保持保险市场的稳定而展开的。

自 2010 年起,据各地保险监管机构反馈,销售误导行为在寿险违规中占比超过 50%,而且呈逐年上升的态势。于是,监管部门不断加大规范销售行为和惩罚的力度,各保险公司亦高度重视,三令五申,严加管理和约束,但问题并没有明显好转的趋势。社会各界和消费者普遍把矛头指向营销员,认为是营销员群体的综合素质和职业操守较低,急功近利的原因所致。但是,这些观点都只是问题的表象而已,并没有从深层次揭示出真正的原因,然后有的放矢,找到破解之策。

事实根本不是这样。原因如前所述,是保险营销体制已和社会及行业的发展严重脱节,由这一体制指导思想下形成的"基本法"二十年来几乎

仍然是"整钢一块",坚不可摧。简单来看,第一,这种激励似乎和市场经济所体现的多劳多得分配方式一样,能极大地激发营销员的最大潜能,但是,这种没有任何固定收入的"虎头蛇尾"式设计理念,使营销员的收入极不稳定,年年月月都要从头开始,永远都不知道自己下一个月的收入是多少。

第二,在这种只有佣金维系保险企业和营销员关系的背景下,保险企业以人为本的管理理念也只能停留在口头上而已,无法得到有效的落实。基层管理人员在业绩的重压下也往往忽视了对营销员的真正关心和尊重,长此以往,营销员阶层和保险企业管理阶层的关系自然疏远。

第三,近50%常年挣扎在"贫困线"、"温饱线"的营销队伍,无法具备稳定感,也无法对保险企业产生忠诚度。2010年,中国寿险营销员的年平均收入为16376元,月均1438元,只有当年度全国非私营单位城镇职工平均工资37147元的44.08%,仅比当年深圳市的最低工资标准1320元多出118元,若再剔除平均高达40%的展业成本,月均收入只有862.8元。如果再扣除1%营销精英的收入,整体营销员的收入将会再次大幅下降。据2010年各家保险公司的统计,约50%的寿险营销员月均佣金收入低于1000元。

自我国建立保险营销员制度二十年来,全国城镇在岗职工的年平均工资由原来的2711元上升到2010年的37147元,上涨了12.7倍。全国商品房均价由1998年的每平方米1807元上升到2010年的每平方米10286元,上涨了4.69倍。近年来,物价上涨速度让人人感触尤甚。在过去的二十年里,各保险企业的管理层平均工资又上涨了多少倍呢?而营销员赖以为生的佣金却几乎一直未变,甚至不升反降!这种现象在其他任何行业都是极为罕见的。虽然有的保险企业试图用延长佣金给付年限,加大总佣金

给付比例来提高留存率。但在平均流失率高达 70% 的情况下，这种所谓的提高留存率方法，不但难以实现决策者的初衷，还降低了营销员的平均收入。从这一点即可证明，营销员群体没有充分享受到保险业高速发展所带来的成果。这也违背了市场经济中"价值决定价格"这一基本规律。

衡量营销体制成功与否的一个重要标准，应该是从业人员收入的提高，而非仅仅惩罚性的政策提高。收入提高的前提是生产效率的提高。我们都知道，人力和资本都是向利润高的行业流动的，只有保险营销行业有挣钱效应，才能体现营销人员的职业尊严，才会吸引更好的人才流入。因为，换一个角度来看，人才的竞争，其实就是人均收入水平的竞争。所以，应该让保险营销员有体面的收入，这样他们才可能去体面的销售，才可能对自身价值、职业有认同感。如果没有这点的话，他们对于销售行为规范和职业的认同，永远都缺少内在的激励机制。

菲利普·科特勒在他所著的《营销管理》（2010）一书中，通过一项关于比较各种奖励重要性的研究发现："得分最高的奖励是工资，随后依次是晋升、个人发展和成就感。得分最低的是好感与尊重、安全感、表扬。"换句话说，工资、有晋升机会和内在需求的满足能极大调动销售人员的积极性，而褒奖和安全感的奖励效果不明显。恰恰保险企业这些年来，一直在强化对营销员精神层面的褒奖，甚至有意加大感恩文化培训，试图以此淡化营销员普遍收入较低而产生的负面心理。然而，"生存是第一要素"。月均不足千元的行业收入，已直逼营销员的生存底线。巨大的生存压力使他们无法对保险企业产生归属感，缺少职业尊严，也无法安居乐业，更无法以保险营销员的职业来做安身立命的职涯规划。关于这个问题，松下幸之助说过："公司要发挥全体职工的勤奋精神，就必须使各自的生活和工作两方面都是安定的。"

第五章　全面市场化是保险营销体制变革的必然选择

根据经济学"频率依赖的均衡"理论，违规人数的增多会降低信誉损失和违规被发现惩罚的概率，个人的违规成本也就越低。当身边的误导行为已见怪不怪时，误导就可能成为新营销员既被动又必然的选择。保险营销员的收入增幅远低于同期的劳动密集型的制造业和建筑业，这个收入与知识密集型的金融保险业是无法匹配的，也无法获得它应有的社会地位。在这种经济和社会地位低下，贡献和收入极不公平的情况下，监管部门一味地加大惩罚力度，不断地出台规范细则，多方强调职业道德修养，让他们必须遵纪守法、诚实守信和勤勉尽责是很难奏效的。在这种收入条件下，保险营销行业也很难对社会上各类优秀人才形成吸引力。当今世界，凡是没有优秀人才加盟的行业，陷入恶性循环、最终走向衰落几乎是必然的归宿。长此以往，保险行业也不会例外，而这个过程的形成和最终发展结果的主要推手就是落后、僵化的保险营销体制。

经济学家梁小民认为，作为一个企业，不能寄希望于员工的无私奉献精神，而是要让员工劳有所获。这就要有一种制度把个人的利益和企业的整体利益统一起来，让员工为个人利益努力的同时也实现了企业的整体利益。其实，管理的本质是激励。兴办企业是为了满足人类不断增长的各种需求，同时，也应该提高员工的工作质量和生活质量。

胡锦涛在十八大报告中提出，要"努力实现居民收入和经济发展同步、劳动报酬增长和劳动生产率提高同步"，尤其是"实现国内生产总值和城乡居民收入比 2010 年翻一番"的双目标。这充分体现了发展成果由人民共享的思路和民生优先、富民惠民的政策取向。因为，没有这样的制度性安排，就没有一个公平公正的社会环境。而这些惠及全民的重大利好政策，不应该将多年来奋战在保险业的 300 多万营销员排除在外。如果将我国保险业近二十年所取得的辉煌成就，和以上营销员群体的收入情况放在一起客观地来看，我们不得不承认，营销员群体并没有享受到行业高速

发展所带来的成果。

第四，加大前期的佣金投入比例，正是针对"员工制"转制以外的另外 70%未转制营销员的管理措施。因为要想使变革成功，就必需考虑到这 70%的稳定性，不能因改制而导致保险市场出现较大的震荡，也符合 83 号文中提出的"坚定不移、稳妥渐进地推进保险营销员管理体制改革"的指导方针。剩下的 70%的营销员本身就属于相对绩效中等偏下的绝大多数，所以除了企业要重新调整战略经营导向，重新设计绩效考评和激励机制、明确法律地位、加强培训和基础性、常态化管理以外，建议还要加大前期佣金投入。

我国目前 10 年以上期缴业务的首年佣金一般在 30%左右，然后逐年递减。佣金总计占首年保费的 60%左右。据悉，欧美、中国台湾地区的首年佣金 80%～100%，甚至更多（张瑞纲《我国当前保险代理人制度存在的问题及改进措施》，2009 年 3 月）。因此，在过渡期提高部分险种的首年佣金是客观可行的。

目前，市场上大多数业内专业人士对佣金的改革几乎都是一边倒地倾向于减少前期佣金比例，延长支付年限，加大总佣金支出的办法来达到稳定队伍，促进营销员具备诚信和长远经营的服务意识。这样的例子很多，例如台湾的宏泰人寿在 2000 年即开始实行"佣金平准化"，即将原来共领 6 年，首年度佣金比例约 40%的旧制度，改为领取期限 20 年，首年佣金比例降为 30%，20 年总佣金比例提高 10%的做法等。

这里提出的提高未转制营销员保障类长期缴费险种的首年佣金支付比例，主要是从以下几个方面考虑：首先，保险业未来要向保障类险种转型，以切实体现保险和一般金融投资产品的本质区别。此项佣金的调整措施，具有一定的市场导向作用。

第五章　全面市场化是保险营销体制变革的必然选择

其次，剩下的 70％营销员本身平均收入就更低，大多数都在月均 1000 元以下，要想使改革在稳定中进行，就有必要在过渡期通过提升这个群体的收入来直接体现。

最后，在此基础上，我们还可以逐渐引进国外有关佣金制度的先进做法，使保险业得以持续、稳健发展。例如，达到一定的从业年限或职级和贡献度的营销员，若患重病、残疾、身故或离职，其家属可继续领取佣金。或根据其在保险企业服务的不同年限，设置不同的离职金，标准可参考其离职时的基本工资、工作年限、职级和贡献度等，达最高标准者，可为其支付终身年金。也可以采取从业年限越长，得到续保佣金比例越大，以及续保比例和奖励挂钩等方法使营销员认真履行职责，提升专业水平和服务质量，关注客户的满意度和市场口碑，进而和保险企业保持长期稳定的代理关系。

当然，这种佣金的调整方式，是基于保险营销体制变革过渡期的特定情况而实施的，未来随着保险营销市场的不断深化和成熟，延长佣金给付年限，均衡佣金给付比例将会成为保险营销薪酬激励机制的长久之策。

七、由内而外全面推进保险文化建设

保险文化是社会文化的一部分，党的十七届六中全会提出了全面建设社会主义文化强国的长期战略目标。我国保险自 1980 年复业以来，特别是自 1992 年引进保险营销体制以来，各家保险公司为了谋求长远发展，在如何建设一个富有行业特色的保险文化上，进行了长期的探索和尝试。例如，中国人寿的"双成"文化，通过多年的宣导和不断地丰富内涵，已经赢得了国寿 70 多万名营销员的普遍认同。"双成"理念中的"成己"和"为人"，把"成己"放在了第一位。因为如果作为一名营销员，不能

通过自身的努力和自律,形成自己的专业素养,养成自己的职业操守和做人品行,又如何实现帮助、成就客户和他人呢?而"成人"和"达己"的内涵意义递进,又进一步说明了只有真正地为他人、为社会创造价值,满足消费者需求,通过所提供的保险产品和优质服务,帮助客户有效地解决问题,才能体现和实现自己的人生价值和梦想。"双成"的文化理念,既符合市场经济中个体付出的利己动机和价值回报的基本原理,又符合行业和企业通过用心经营获得良好效益,然后贡献社会,提高社会所有成员福利,也包括对自己的宏观价值回归。

时代的高速发展,为保险文化的建设和创新提供了良好的环境,所以保险业要立足全局,着眼未来,以更高的智慧和更大的魄力来推动保险文化建设,实现行业的长期稳健发展。

(一)加强保险文化建设的自觉、自强和自信

要对保险文化的核心理念进行回顾和总结、提炼,揭示保险文化的独特、丰富内涵。保险文化不仅是简单的传统意义上的企业文化,它是保险业和行业文化的外在体系,也是消费者和从业者共同形成的对保险业认知的总和;是社会公众认知保险业的总体感受和载体,也是他们参与和接受保险的判断依据。基于这种定位,就有必要通过制度建设、流程再造和建立相应的激励惩罚机制,建立和提升行业的服务质量和标准。

除了内部文化建设以外,还要同时推进保险业的外部文化建设。通过具有资质认证的保险网络、电视、电台,各种平面媒体,以及社会各类培训机构、高校、职校,各类协会组织、社区街道办和农村乡镇等平台为依托,建设保险文化宣传窗口,采取论坛、征文等方式,使保险文化渗透到社会的各个角落,使从业者形成正确的价值观、职业观和绩效观,不断改

进行业的观念和作风，使保险文化融进社会、深入人心，营造科学、健康、正面的保险文化氛围，充分发挥保险文化的感召力和号召力，切实增强全社会对保险业的认同度。

（二）制度化、长期化推进保险文化建设

保险文化的先进性和实践性，首先来源于保险理论研究工作的扎实推进。加强保险理论研究工作，是提升保险文化地位、增强保险文化的影响力、指导保险实践的重要保证；同时也是解决保险产业"转方式、调结构、防风险、稳增长"的关键。积极推进保险文化与经营实践相结合，建立行业社会责任履职评价机制，加强保险业管理层的量化考核力度，使保险文化建设更具有系统性和操作性。推动保险企业和营销员坚守诚信理念，加快结构调整，积极回归保障，充分发挥保险文化的约束力，制约恶性竞争、行为失范等行为。善于运用行政和市场两种手段，通过激励和惩戒措施，变被动为主动，实现保险文化由外部向内部的转变，由保险企业的行政管理文化向营销的服务支持文化转变，切实提升行业和企业的核心竞争力。

（三）加强保险企业内部管理的诚信文化建设

诚信是现代社会公认的行为准则，它具有规范各民族、各阶层、各领域社会成员的行为，符合各方利益实现的作用，它也是引导社会人际关系的行为规范。而保险业自诞生的那天起，就以诚信为立业基石，没有诚信保险业就不会发展壮大，为人类造福至今。2012年，保监部门在保险监管会议上提出2012年重点整治保险业两大积弊之一就是保险业的销售误导，销售误导的现象就是销售人员违背了保险"最大诚信"原则，所以遭到全社会的诟病，整治是理所当然的。然而，在保险业这一完整的产业链

中间，我们不能忽视的首要问题是源于保险企业的诚信建设问题。

在一个群体中，建立信任的一个前提是它能融洽人际关系、提高工作效率。那么，这种信任，也是依赖一系列信任他人和值得信任的行为建立起来的。

在保险业，保险文化尤其是诚信文化对内管理的指导和示范作用十分关键。保险企业应该首先对员工和营销员做到诚信。若常常失信于人，则长此以往必然使员工对工作没有热情，使营销员对公司没有感情和信任度，彼此之间的距离就会越拉越大，甚至相互诋毁、敌视。如果相互之间缺少精诚合作、同舟共济、荣辱与共的良好氛围，那么，在这种氛围下，企业想获得稳健的发展和良好的效益几乎是不可能的。前摩托罗拉执行总裁乔治·费舍认为："企业组织的失败不是迫于外部的作用，而是其员工致使其'停业'，因为他们制造障碍，把客户拒之门外。"

现实中有不少保险企业时常失信于营销团队，例如在奖励兑现之前更换奖励标准，调整奖励日期，随意单方制定、调整基本法内容和新增各种规章制度，降低、调整营销员的佣金和待遇，无原则地提升和降低各类考核标准，甚至还有同一险种为了达到销售的目的，故意采用反复停售等手段。一而再、再而三地违背企业最基本的诚信经营原则，使营销员对公司的信任度下降，归属感自然随之淡化，销售的质量也会受到这种情绪的影响而降低。

根据美国罗宾斯博士在他所著《组织行为学》（2008）一书中，有关员工工作满意和客户满意的研究表明："感到满意的员工会提高客户的满意度和忠诚度。"为什么呢？因为在服务性的组织中，能否留住客户，在很大程度上取决于一线员工对待客户的态度。由此可见，保险业的诚信文化建设，以及来自保险企业自身的诚信行为是十分重要的。只有保险企业

做到严格自律，以诚立司，方能使公司和员工，公司和营销队伍之间以诚相待，团结一心；方能使公司的员工，尤其是营销员出现在社会公众面前时，坚定对企业的信心，以高质量的服务获得更多的社会认同，进而带动企业不断向前发展。

（四）坚决清理营销职场内急功近利的营销文化

二十年来，保险营销文化在社会上引起了较大的反响，激发了很多热血青年投身保险业的创业激情和奋斗精神。业内流行了很多耳熟能详的营销口号，它们激励了无数营销员战胜自我，走向成功。例如，"要想保险成功，先要做人成功"、"营销无诀窍，访量定江山"、"剩者为王"、"态度百分百，方法无穷大"等。

但是，也有很多非理性的、极其功利的，甚至严重误导他人的口号也在保险公司经久不衰。例如，"保险要称王，做人要疯狂"、"辛苦三五年，享受一辈子"、"百万年薪不是梦"、"业务治百病"等。这类保险文化传播到社会时，因为观念过激和没有普遍意义，必然会降低保险人员的社会形象，引起人们对保险营销人员的误会和反感，应坚决摒弃。保险业要多创造一些具有正面积极、引人向上的保险营销文化，帮助营销团队建立正确的价值观和人生观，树立一个既充满激情又不乏成熟理性和诚实的职业化形象。

第六章

坚定信念，合力推进体制变革顺利进行

- ◇ 政府和监管部门对变革的重视程度是成功与否的关键
- ◇ "天平模式"等所带来的可借鉴意义
- ◇ 市场的力量是推动保险"大中介"体制变革的核心动力
- ◇ 防止"求稳"成为拖延变革的理由
- ◇ 保险营销体制变革是不可阻挡的历史潮流

第六章 坚定信念，合力推进体制变革顺利进行

中国在改革开放三十年后，根据国内外形势的发展变化，自"十二五"规划开始，果断调整了保持三十年之久的经济增长方式。"调整经济发展方式，调整经济结构"成为中国面向未来的发展主基调。追求 GDP 的内涵价值、发展社会事业、改善民生、进一步深化体制改革，以更大的决心和力度，贯彻落实科学发展观。保险营销体制的变革，同样也需要行业内外自上而下的思想观念高度统一。尤其是统领和决策变革的政府和监管部门，应通过充分市场调研和可行性分析，制定一个清晰的变革路径，并经过沟通，取得各保险相关企业的理解和支持，时时掌控变革的方向和进度，适时调整变革策略，统筹兼顾，全方位推动市场各方向保险"大中介"变革目标迈进，确保变革过程按既定目标顺利推进。

各保险企业和相关中介市场应高度响应保监会 83 号文的号召，认真学习文件改革精神，积极配合政府和监管部门；及时调整经营理念。充分利用各种内外部资源，明确企业在新的市场环境中的发展定位，形成核心竞争优势，合力推动变革的顺利实施。

一、政府和监管部门对变革的重视程度，是成功与否的关键

基于保险业所处的历史发展时期和其自身存在的制度性障碍，保险营

销体制的变革在当下已变得尤为迫切和重要。主导这次变革方向的必然是政府和保险监管部门，因为当市场和行业的发展离人民群众的实际需求出现较大偏差，在市场依靠自身力量无法完成调节，监管部门的宏观调控职能就显得至关重要。因此，政府有责任使用"看得见的手"对市场予以干预。美国南佛罗里达大学教授克里斯托弗·R.托马斯在他所著的《管理经济学》（2009）一书中，在"企业的政府监管"一章里明确提出："当市场失灵带来无效时，政府在市场的干预至少在理论上能够改善市场的表现。"他也同时指出："市场失灵为政府改善市场表现，增加社会剩余，创造了一个重要而真正的机会。"

我国保险营销体制变革的核心，在于政府和监管部门对保险行业的重视程度，以及相关产业政策扶持和行业准入门槛的调整。保险业过去的繁荣和高速发展源于政府监管部门对行业的正确指导和有力监管。那么，未来的变革更离不开政府重视和监管部门的正确引导和政策的强力支持。美国经济学家萨缪尔森在他所著的《微观经济学》（2008）中有关"政府经济职能"中指出："现代经济中的政府职能在于保障效率，纠正不公平的收入分配和促进经济的稳定增长。"笔者认为，首先保险监管部门应积极与国务院及相关部委加强沟通，提升沟通效率。尤其是此次改革所涉及的国家工商、税务、教育、司法和人社部等部委，使此次保险营销体制的改革能够引起国家相关部门的高度重视，争取获得相关政策支持，合力推动改革顺利进行。

建议通过保险业提案的方式，提请全国人大，对《保险法》第二章"保险合同"中第三十条"对合同条款有两种以上解释的，人民法院或者仲裁机构应当作出有利于被保险人和受益人的解释"予以修改。因为在一个法制社会，用来维护社会公平正义的法律，以及司法和仲裁机构，在做出相关具有争议性的仲裁和判决时，应以法律为准绳，以事实为依据。而

不应在法律条款上以明显的偏袒要求，来取代相关法律的公正裁量。

我们相信，当初起草《保险法》时，之所以做出以上《保险法》相关要求的专家们，确实是考虑到保险业在我国还处于发展的初级阶段，保险消费者在投资保险商品时，由于信息的不对称性和格式化的保险条款而处于弱势地位，所以，为了保护消费者的利益，在《保险法》的条文中明确了这个要求。人大表决通过也是基于这个考虑。在之后的司法实践中，各级仲裁机构和人民法院也确实按这款法律的要求规定，在很多现实的仲裁和判决中，做出了有利于投保人、被保险人和受益人的解释。

但是，这种明显带有偏袒意识的裁量，却给保险企业的正常经营带来了越来越大的风险。因为在这个规定下，很多保险企业为了不在法院的官司中败诉，即便通过了详细的内部调查，明知道客户违规在前，但当客户表示，如按条款规定处理的话，就会向法院提起司法诉讼时，很多保险企业为了息事宁人，一次又一次采取私了的方式，以此避免客户向法院起诉，最终还是自己败诉的结果。

保险企业的违规赔款和无原则让步应该早日终止。原因是：一方面这种违规赔付和私了的方式，不但不能为保险业赢得正面的社会形象，反而随着被歪曲的信息传播，公众对保险企业赔付的随意性产生反感。同时，这种私了的赔付方式，也使不合理赔付要求的人群呈增加趋势。另一方面，这种突破条款规定的赔付，也让保险企业的风险精算和财务预算风险增加，人为加大了企业的经营风险。

"问题在基层，根子在上边"的判断，不仅是监管实践的结论，也是我国保险业发展的历史共识。如果政府和监管部门对行业发展的重视程度不够，或者对存在问题的判断和评估出现偏差，必将导致所出台的相关指导性政策对问题改善的力度下降。那么，变革的效率就会降低，保险服务

经济社会的相应功能也会同步弱化。

如果法人机构的经营理念不调整，发展方式不转变或拖延转变，那么，要杜绝保险企业基层机构的短期经营行为和粗放式发展，要提升保险业服务质量和水平，有效解决"理赔难"和"销售误导"现象，永远只能是一句不切实际的口号而已。

2012年，保监部门提出了防范声誉风险要标本兼治，核心在治本。这才是真正抓住了问题的要害，这个"本"对行业来说，是安身立命之本；对企业来说，更是可持续健康发展之本。

按保监会2012下发的83号文中的说法，保险营销体制变革就是要"力争用3年左右时间，改变保险营销管理粗放、队伍不稳、素质不高的现状，保险营销队伍素质稳步提升，保险营销职业形象明显改善。用5年左右时间，新模式、新渠道的市场比重有较大幅度提升。用更长一段时间，构建一个法律关系清晰、管理责任明确、权利义务对等、效率与公平兼顾、收入与业绩挂钩，基本保障健全、合法规范、渠道多元、充满活力的保险销售新体系，造就一支品行良好、素质较高、可持续发展的职业化保险销售队伍"。

有鉴于保监会对营销员体制改革多次发文都强调以"稳"字当头，"保持改革过程的稳定"，"要在保持现有营销队伍基本稳定的前提下，分层次、分步骤稳步推进改革"，"坚定不移、稳妥渐进地推进保险营销员管理体制改革"的指导意见。笔者认为，变革可分为两步走，第一步为营销体制变革的过渡期改革，第二步为营销体制最终的方向性变革。

此次变革，必然会触及方方面面的利益，为使变革不对现有的营销队伍形成较大的冲击，同时也为下一步的深化变革做好经验积累和前期铺垫，应首先对各家保险公司的管理理念和管理模式进行必要的调整和转

第六章 坚定信念，合力推进体制变革顺利进行

变。如果不能实现这种转变，则很难进行后期较为彻底的根本性变革。

针对此次保险营销体制的变革，作为行业声誉的最终责任者，保险监管部门要充分履行职责，准确找到问题症结所在，并着眼未来，本着为行业、为社会高度负责的态度，通过全面市场化的机制，推动制度变革，使保险资源配置发挥最大效用。保险营销体制变革是我国保险业发展到一定时期的必然选择，而全面市场化的发展方向已被西方国家实践证明是有效的途径，要想使此次变革达到"质"的飞跃，就要首先明确变革的方向和目标。

2010年10月13日，中国保监会已就保险营销体制改革正式下发《关于贯彻落实〈关于改革完善保险营销员管理体制的意见〉的通知》，在通知中明确了改革的必要性，提出了改革的指导性方向思路，多次强调保持"稳定"是此次改革的前提。在2012年10月下发的83号文中也提出了"坚定不移、稳妥渐进地推进保险营销员管理体制改革"。从通知中可以看出，监管部门对保险营销体制的改革是持极其负责和审慎态度的，这也和我国当前政治层面的"维稳"政策导向保持了高度一致。

但是，就当前保险业所面临的发展机遇和所遇到的发展障碍而言，如果过于求稳，过于强调"国情"，以"稳定"的理由拒绝、拖延实质性的变革，最终结果可能会导致行业信誉和社会形象进一步下降。因为，随着营销员的流动性加大，营销员队伍和保险企业的矛盾将更加激化。保险业的服务质量将更无从确保。所以，我国保险营销体制的变革已势在必行、迫在眉睫。

正如管理学大师德鲁克所言："要想集中精力、全神贯注于一项工作，首先要有足够的勇气，要敢于决定真正该做和真正先做的事。"如果行业仍然以"鸵鸟"的心态来掩盖、敷衍保险营销体制存在的现实问题，

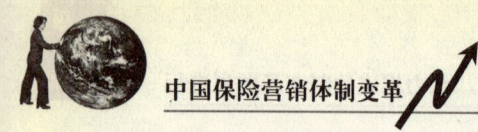

那么，我们必将丧失最佳的营销体制变革机遇，对行业的发展承担不可推卸的历史责任！

二、坚定全面市场化变革方向，着手保险"大中介"体制探索

保险业的全面市场化变革是所有保险人面对的一个新课题。好在几年前，国内就有天平保险公司迈出了可喜的一步。几年来，天平的大胆尝试获得了保险监管部门和同业的高度关注和首肯。虽然"天平模式"等还在探索之中，但这种探索为中国保险营销体制的变革带来了弥足珍贵的可借鉴经验。

（一）"天平模式"等所带来的可借鉴意义

早在几年前，天平保险公司所探索并实践的"天平模式"即给我们的保险营销体制变革提供了一个可借鉴的全新的产销分离模版。天平的做法分以下几块：（1）将全部的销售业务外包于分销商。即在销售上不自建直接销售队伍，剥离正式编制和外包业务员，转而建立作为渠道营销人员的客户经理队伍。客户经理均为公司正式编制，薪酬采用基本工资加考核工资两部分。（2）将查勘、定损、理赔业务均外包给保险公估人。（3）引入律师为客户提供法律援助服务。（4）与分销中介机构合作，进行产品开发，以及推行其他非直线业务外包，如IT、人力等。

2012年6月，市场又出现了一种不同以往的保险营销模式——合伙代理人模式。信泰人寿广东分公司首创试点推行"合伙代理人"模式。所谓"合伙代理人"模式即是由信泰人寿选择部分服务诚信度高、品质优良、拥有行业内外资源优势的人"合伙经营"，给予"合伙人"一定的"创业

津贴"。

信泰人寿的"合伙代理人"模式主要有三个优势：其一，简化团队管理层级，释放营销员生产力；其二，可以高标准增员，重视团队素质而非数量，避免广增员、高脱落的现象；其三，根据"合伙人"团队经营需求，给予其配套的团队销售后援支持和专业培训，提高合伙人自主经营意识和自身团队发展的同时也有益于整合企业资源优势，使企业和个人实现共同发展。

据了解，信泰人寿广东分公司的"合伙代理人"模式正在发展中，房产中介机构、旅游公司等成为该模式下的主要目标群体。该公司相关负责人表示，这些公司有一定的行业内外资源，与这些公司合作可以拓宽渠道。

尽管天平模式还存在合作机构服务水平跟不上、人才匮乏、规模较小、创新能力不足等一系列发展中的问题。合伙代理人模式也刚刚处于试验初期，我们目前还不能对这两种模式轻易地下结论，但它们的尝试所带来的优势也是显而易见的，如降低了保险公司的经营成本，外包的经营思维也契合了"专业化"的内涵，精简了公司的人员结构，缩短了管理链条，降低、分散了公司的经营风险，最大化地维护了被保险人的利益等。这两个模式的最大价值是变革的方向和思路符合市场经济的发展规律，也是行业深入发展、专业化分工的具体体现，更是保险业发展最终走向市场化之路的必然趋势。这两个模式给我们带来的启发是：通过保险"大中介"市场的资源整合，集保险专业代理、经纪、公估、培训、电销、网络、社区等全面的社会中介资源大整合、大协作，使各相关公司和机构在一条完整的产业链上实现各自的专业化分工，实现各自既独立又协作的市场价值和利益分配格局。

（二）市场的力量是推动保险"大中介"体制变革的核心动力

从保险公司的角度看，这种模式已不再是简单的产销分离，而是保险公司利用其拥有的所有保险资源，与社会上各类不同的、保险中介专业资源和其他优势资源的有效整合而形成的产业价值链。由"产销分离"逐步过渡到"研发分离"、"风险管理分离"和"服务分离"等环节，通过市场这个"看不见的手"去推动资源的优化配置。推动市场向品牌保险机构、品牌保险团队和品牌保险精英所构成的不同竞争优势和不同竞争主体，最终实现多方共赢的保险"大中介"市场格局。使保险企业逐渐回归到产品研发和资产管理的核心竞争优势上，把销售和与此相关的系列服务交给市场去做。

全面市场化的保险"大中介"变革思路，它的可行性在于：通过政府部门的倡导和推动，利用充分竞争的市场力量，形成保险企业和与之相关的保险大中介市场。建立一个双向对等、良性互动的选择机制和多方资源的自由配置机制。然后，相互激励，相互制约，相互在公平的环境中竞争发展。用市场"看不见的手"，通过时间对社会资源进行有效配置，并让这种市场化的资源配置方式形成一种根本机制，使市场各方都实现最佳、最优选择。如果改革的方向出现较大的偏离，违背了基本的行业发展规律，导致改革遇到较大的阻力和风险，而市场又不能实现自我调节的时候，政府和主管部门应适时运用"看得见的手"予以干预和调整。最终引导行业走向一个符合各方利益诉求，持续、稳健发展的市场新格局。

三、顺势而为，果断抓住保险营销体制变革的良好机遇

我们必须清醒地认识到，面对保险营销体制的问题，仅靠监管部门和保险企业不断加大对营销员的惩罚措施来解决，只能是欲速而不达。因为自古以来，人心向背，从来都是和是否真正关注民生而成正比的。自十七大以来，中央政府就提出了"建立科学发展观，构建和谐社会"的伟大号召。在十八大报告中，首次将"科学发展观"确立为党必须长期坚持的指导思想。自十七大以来，政府一直把解决民生问题当作首要的工作来抓。同理，如果保险业一味地迷信外部性的制度约束和惩罚作用，将永远不能真正赢得保险营销员的人心。保险企业和监管部门应及时改变传统的管理和思维模式，变打压为支持、变制约为引导、变隔阂为沟通。

道理很简单，只有真诚地走进营销员群体，真正承认并保障营销员的发展权益和成果，以83号文为契机，尽快变革现行制度，纲举目张，建立一个全新的惠及300多万保险营销员的公平制度和全新的利益资源分配机制，多征求一线营销员的意见，多听取来自市场的不同声音，才能彻底改变眼前这种被动的局面。因为保险业的发展，终究要回到人的发展这个原点上。面对现状，如果问题一直被整个保险业高速增长的保费所掩盖，或者主管部门采取刻意回避的态度，依然因循守旧，过多受制于某些短期既得利益者的干扰，心照不宣地采取集体性的无意识共同沉默，使保险营销体制的变革一拖再拖，这将无疑是掩耳盗铃、自欺欺人的群体性失职行为。

根据统计，每10万人口拥有保险从业人员数量，美国为1357人，日本为331人，中国香港为551人，中国台湾为619人。如我国内地按每10

万人 500 人的标准来算，13 亿人需 650 万，我国内地目前只有 50%，供需比为 1∶2，如按每 10 万人 1000 人的标准来算，则需要保险从业人员 1300 万人，供需比为 1∶4，目前只有 25%。如以有效人力来计算，供需比至少为 1∶6 以上！以我国现有人口对商业保险的发展需要，预计在未来的十年左右，保险业中介市场的有效人力至少还要在现有的有效人力规模上，再增加 5 倍。

所以说，当前的保险营销体制变革是历史的必然选择。这个变革就其意义而言，决非是为了缓和当前矛盾的权宜之计，而是攸关保险业转型和社会和谐之大局。因此，此次变革既事关重大又迫在眉睫。笔者建议有关主管部门，可借鉴以往重大改革的成功做法。面对全体营销员公开讨论改革方案，至少让部分有代表性的当事人充分参与，在程序上为此次变革添加"公共精神"，从而确保双方在一个透明、公开和平等的环境中，本着以人为本的原则，最终形成一个符合多方利益诉求和行业发展的变革路径。因为此次牵动多方关注的改革对象——300 多万营销员，保险监管部门和保险企业不应该将他们拒绝在讨论和决定变革方案的大门外。否则，改革将很难顺利达成目标。

此次变革，必然涉及和触动多方既得利益，所以它需要大手笔、大智慧和大策略。不过可以预言的是，越早变革，就越能掌握市场的先机和发展的主动权，就越能降低变革的成本和代价，就越能赢得较好的经济效益和广泛的社会正面效应。我们更期待国内一些具有较大影响力和实力的保险公司能够率先垂范，为此次变革做一位勇敢的破冰者。

尽管变革会遇到重重阻力，但正如美国著名的诗人朗费罗所言："只要行动起来，我们的每个明天都会比今天进步。"我们欣喜地发现，已经有不少保险公司正在积极地多方寻求打破这一制度瓶颈的方法。有的保险

公司目前虽然没有在体制变革上有所作为，但是在现有的营销体制下，打破了市场上大多数寿险公司的管理思维模式和惯用手法，在体制内大胆创新。以一种外科手术式的准确定位方法，形成一套阶段性的高效率管理模式，使所属企业的营销人员在现有的营销体制下，尽可能维持在相对健康的发展轨道上。

此举实属不易。因为在当前的保险环境下，保险业经营中"劣币驱逐良币"的现象已司空见惯，这种具有前瞻性的管理机制无疑将会在未来的保险营销体制变革中，成为最大的赢家。还有少数保险公司也曾尝试过一些推动保险营销员制度变革的措施，虽然由于种种原因，他们遇到了重重阻力并为此付出了代价。但是，这种代价是值得的，创新是企业进步的灵魂，变革更是保险业发展的唯一出路。全国 300 多万保险营销员和全社会，无不由衷地为这种影响未来的尝试而敬佩，并充满期待。

相信在不久的将来，我国保险业的消费者市场、"大中介"市场、销售队伍、监管环境和保险企业的经营理念都会顺应时势，呈现给全社会一个崭新的面貌。保险业也将在这种良好的历史环境下，以一个前所未有的姿态，稳健向前发展。

（一）防止"求稳"成为拖延变革的理由

保险营销体制形成今天的这个局面，原因有多方面，如产业处于初级卖方市场阶段、法制环境和社会信用体系尚未建立起来、保险企业还有计划经济时期的行政管理思维，以及不成熟的市场消费行为等，但是，这些都不应该是拖延变革的理由和借口。因为，如果保险业不能突破自身所面临的发展瓶颈，社会对保险业的不满情绪就会有增无减，保险业的社会形象就会进一步下滑，保险的核心价值就会进一步偏离保障功能。如果此时

政府监管部门仍不能认识到问题的严重性和根源所在,对改革仍以"稳"字当头或更加频繁地出台更多针对营销员的惩戒措施。那么,保险业目前所呈现的"三高一低"现象和拼规模、争排名、抢份额的粗放型经营模式就不可能得到缓解,这种短视的行业发展局面在短时间就不可能得到有效的改变。

只要这种急功近利的经营模式不改变,保险企业就会继续以"人海战术"来实现其业绩目标。那么,所谓的专业化、职业化经营、精英队伍等提法就必然流于形式,保险企业每年保持一定的硬性业绩增长势头就不可能得到有效的控制。

只要目标逐年增加,就会必然导致保险企业的基层单位承受巨大的任务压力,加之近几年来由于招人难、流失率增加等缘故,基层单位完成任务的压力就会逐年递增,必然再次出现从年头到年尾都疲于奔命而无喘息机会的情况。那么,在这种情况下,营销团队的基础化常态管理、制式化培训计划就会被迫打乱和让步,营销团队就只能被动配合公司而展开以业绩为核心的一系列活动。基层公司也不可能有更多的时间和资源配置到增员培训和组织经营上。

只要基层单位为了保证自身的考核利益和完成任务指标,就会放松增员的质量要求,营销团队就会不可避免地出现"拉人头、凑人数"的现象,以保证组织架构的考核要求,保证自己的基本利益以及以人力带动业务的增长固有模式。那么,在这种环境下,为了完成业绩目标,能迅速提升保费的"分红险"之类的险种就必然成为保险企业的首选。要想实现保费目标,各保险企业就会不可避免地使用增加奖励标准,提高奖励成本的各种阶段性的、以产品为导向的营销方式来推动业务增长。保险企业只顾眼前的短期经营意识也不可能得到根本改变。

第六章 坚定信念，合力推进体制变革顺利进行

只要这种情况不改变，营销员在增员上的时间配置就会大大减少，严格的甄选、细心的培养、扎实的培训就难免不大打折扣。增员的各个辅导和培训环节就不能得到有效的保证和认真执行。那么，打造高素质营销团队的设想就会落空，营销团队就只能紧跟公司的脚步，追求业绩规模和眼前的短期利益。

只要营销员追求业绩至上和短期利益的行为不改变，诚信营销和服务质量就很难得到保证。那么，营销员的社会信誉和形象就不可能得到有效的改善，社会地位也就不可能得到根本的提升。

只要营销员的社会形象和社会地位下降，保险业的整体社会形象和地位同样也不可能得到提升和改善。那么，公众参与保险的热情和信任度就会降低，保险业就不可能呈现健康稳定的发展态势。

只要保险业的发展得不到社会的普遍认同，保险的社会价值就会进一步弱化，保险所体现的防灾减损和风险管理功能就会日渐退化。那么，保险业的发展就会与我国经济发展和人民群众日益上升的物质和精神需求的距离越拉越大。当保险业失去了它在社会发展中应有的贡献时，也必然降低了整个社会全体公民的生活水平和福利待遇。

这次变革标志了现行的营销体制，已完成了它在中国保险业初级阶段中的使命。为了保险业能更好地面向未来，更好地为经济社会的发展和稳定做出更大的贡献，也为了给保险业的发展奠定一个更加长久的坚实基础。此次变革实乃大势所趋、顺势而为之举。广大保险营销员们，无不期待着保险营销体制变革能以 83 号文为分水岭，相信保险业沿袭了二十年之久的保险营销体制坚冰开始融化。所以，我们有理由满怀期待。

中央财经大学保险学院院长郝演苏教授在谈及此次变革的必然性时，深刻地指出："不管现行的营销体制能带来多少生产力，能提高多少生产

效率,能为社会和企业创造多大的价值。它如果不能更好地推动保险业的长远发展,不符合以人为本的原则,经济上的利益再大,也要改造和调整。"

南开大学风险管理与保险系教授朱铭来也表示:"保险营销体制改革已经到了非改不可的境地。改革肯定有成本,但站在行业长期发展的角度看,只要成本是可接受的,就必须去做,保监会应该督促保险公司加大改革力度。"

这正如宋代文学家辛弃疾诗中所言"青山遮不住,毕竟东流去",保险营销体制的变革必将大大推动保险业的未来发展。保险业自此将进入一个以人为本的全新时代,保险业也必将迎来又一个生机勃勃和活力无限的春天。

(二)保险营销体制变革,是不可阻挡的历史潮流

胡锦涛总书记在十八大报告中强调:"必须坚持推进改革开放。改革开放是坚持和发展中国特色社会主义的必由之路。要始终把改革创新精神贯彻到治国理政各个环节,坚持社会主义市场经济的改革方向,坚持对外开放的基本国策,不断推进理论创新、科技创新、文化创新以及其他各方面创新,不断推进我国社会主义制度自我完善和发展。"他在 2012 年 7 月 23 日的省部级主要领导干部专题研讨班上也指出:"我们一定要坚持党的十一届三中全会以来的路线方针政策,坚持把改革创新精神贯彻到治国理政各个环节,更加自觉、更加坚定地推进改革开放,不断在制度建设和创新方面迈出新步伐,奋力把改革开放推向前进。"同时强调:"全党必须牢记,我国过去 30 多年的快速发展靠的是改革开放,我国未来发展也必须坚定不移地依靠改革开放。"他把中国的改革开放和经济发展的关

系讲得十分清楚,明确我国政府市场化改革朝向市场经济的坚定决心。

温家宝总理在 2011 年大连的达沃斯会议上也谈到:"我们要继续市场化。"2012 年 6 月 19 日《新华每日电讯》报道,刚刚从世界银行高级副行长位置卸任的林毅夫,在一场关于"新结构经济学"的学术研讨会上强调:"在任何给定的发展阶段,市场都是实现资源有效配置的根本机制。" 2012 年 12 月 8 日,新当选的中共中央总书记习近平在深圳考察时强调:"实践发展永无止境,解放思想永无止境,改革开放也永无止境,停顿和倒退没有出路。我们要坚持改革开放正确方向,敢于啃硬骨头,敢于涉险滩,既勇于冲破思想观念的障碍,又勇于突破利益固化的藩篱。"这些讲话都是中央领导阶层和经济学家向我们发出的我国政府要深化市场机制、深化改革,坚定不移地继续走市场化道路的重要信息。

纵观历史,横看世界,市场化发展方向是推动一国经济持续发展的根本动力,也是最为稳定和持久的动力。保险业的发展当然也不会例外,而探索我国保险业高速发展的保险营销体制变革,通过全面市场化的方式解决现有的一系列矛盾,既符合保险业助推经济、保障民生的发展方向,又符合保险企业自身的利益诉求,更是提升保险营销员社会地位和形象,走专业化、职业化道路,实现自我价值和社会价值的最优选择。

参考文献

[1][美]David W. Johnson、Frank P. Johnson 著：《集合起来——群体理论与团队技巧》，谢晓非等译校，北京：中国轻工业出版社，2008年版。

[2][美]保罗·萨缪尔森、威廉·诺德豪斯著：《宏观经济学》，萧琛主译，北京：人民邮电出版社，2008年版。

[3][美]保罗·萨缪尔森、威廉·诺德豪斯著：《微观经济学》，萧琛主译，北京：人民邮电出版社，2008年版。

[4][美]彼得·德鲁克著：《卓有成效的管理者》，许是祥译，北京：机械工业出版社，2005年版。

[5][美]菲利普·科特勒、凯文·莱恩·凯勒等著：《营销管理》，北京：中国人民大学出版社，2010年版。

[6][美]菲利普·科特勒等著：《营销革命3.0》，毕崇毅译，北京：机械工业出版社，2011年版。

［7］［美］加里·德斯勒、曾湘泉主编：《人力资源管理》，北京：中国人民大学出版社，2007年版。

［8］［美］克里斯托弗·R.托马斯、S.查尔斯·莫瑞斯著：《管理经济学》，陈章武、葛凤玲译，北京：机械工业出版社，2009年版。

［9］［美］斯蒂芬·P.罗宾斯、蒂莫西·A.贾奇著：《组织行为学》，李原、孙健敏译，北京：中国人民大学出版社，2008年版。

［10］保网整理编辑：《中国寿险营销体制改革》，2009年8月。

［11］陈志华：《当营销体制从金字塔结构向扁平化转变》，《金融时报》2011年7月。

［12］关培兰编著：《组织行为学》，武汉：武汉大学出版社，2000年版。

［13］郝演苏：《2011年保险市场运行》，2011年2月。

［14］郝演苏：《当前保险市场面临四个发展压力》，和讯保险网，2011年11月。

［15］贺艳：《保险市场销售误导之困及破局探讨》，搜狐，2010年11月。

［16］胡君辰、陈弋风著：《冲突管理》，上海：上海远东出版社，2005年版。

［17］胡润研究院：《2012中国高净值人群消费需求白皮书》，胡润百富网，2012年3月27日。

［18］黄蕾：《保险营销员生态调查：佣金收入难以安居乐业》，《上海证券报》2011年9月。

［19］贾富春著：《企业劳资纠纷规避实务》，厦门：鹭江出版社，2009年版。

［20］姜瑜：《寿险成中高收入家庭消费品》，《上海金融报》2011年8月。

［21］康卫华：《保险如何塑造形象》，人民网，2011年12月。

［22］黎敏奇：《一场关于290万保险营销大军的改革》，《财经国家周刊》2010年5月。

［23］李非著：《富与德——亚当·斯密研究》，广州：广东人民出版社，2009年版。

［24］李佳鹤、冉嬛：《合理起征保险营销员税赋》，天健网，2012年1月。

［25］李唐宁：《寿险发展压力重重：退保率上升，业务持续低迷》，《经济参考报》2011年11月。

［26］梁小民著：《写给企业家的经济学》，北京：中信出版社，2006年版。

［27］凌文辁主编：《组织心理》，北京：机械工业出版社，2000年版。

［28］刘光明编著：《企业文化》，北京：经济管理出版社，2001年版。

［29］刘廷安、郎宽等：《香港保险市场的创新与分析》，《保险研究》2007年第5期。

［30］刘子操、郭颂平著：《保险营销学》，北京：中国金融出版

社，2007年版。

［31］刘子操：《代理制寿险营销模式：现状评估与改革建议》，《金融与保险》2009年第9期。

［32］马惠良：《增长乏力促寿险业务转型》，和讯保险网，2011年8月。

［33］缪建民：《中国保险业发展面临三大挑战》，《中国保险报》2011年10月。

［34］宁向东著：《公司治理理论》，北京：中国发展出版社，2006年版。

［35］孙云著：《组织行为学》，上海：上海人民出版社，2001年版。

［36］万峰著：《寿险公司战略管理》，北京：中国金融出版社，2005年版。

［37］王峰雪著：《高收益的刀尖之舞》，北京：华文出版社，2010年版。

［38］王宪章编著：《寿险行销心理艺术》，北京：企业管理出版社，2001年版。

［39］吴敬琏著：《当代中国经济改革教程》，上海：上海远东出版社，2010年版。

［40］肖举萍：《对改革完善我国保险营销体制机制问题的研究》，百度文库，2010年12月18日。

［41］辛桂华：《寿险个人代理制营销模式的缺陷及其创新》，《经

济论坛》2010年第8期。

[42]亚当·斯密著：《道德情操论》，北京：中央编译出版社，2008年版。

[43]亚当·斯密著：《国富论》，北京：华夏出版社，2005年版。

[44]杨琳：《保险需求：现实选择与未来空间，新型需求有望加速上升》，《当代金融家》2010年11月。

[45]佚名：《清华报告称我国需警惕过渡时期体制定型化》，《中国青年报》2012年1月。

[46]张世贤著：《品牌战略》，广州：广东经济出版社，1998年版。

[47]张维迎著：《市场的逻辑》，上海：上海人民出版社，2010年版。

[48]赵建勋：《坚持科学发展观是把寿险公司建成实力雄厚的根本》，《科学时报》2011年9月。

[49]赵晓菲：《中国成世界第七大保险市场，深度低于全球平均水平》，《证券时报》2011年3月。

[50]中国保监会：《2011年保险专业中介机构经营情况报告》，《导报讯》2012年3月6日。

[51]中国保监会：《保险营销员管理规定》，保监会网站，2006年7月1日。

[52]中国保监会：《关于改革完善保险营销员管理体制的意见》

（保监发〔2010〕84号），保监会网站，2010年10月21日。

［53］中国保监会：《关于贯彻落实〈关于改革完善保险营销员管理体制的意见〉的通知》（保监中介〔2010〕1221号），保监会网站，2010年10月21日。

［54］中国保监会：《关于规范代理制保险营销员管理制度的通知》（保监发〔2007〕123号），保监会网站，2007年12月26日。

［55］中国保监会：《关于加强和完善保险营销员管理工作有关事项的通知》（保监发〔2009〕98号），山东保险信息网，2009年10月10日。

［56］中国保监会：《中国保险中介市场报告》，《每日财经新闻》2012年7月。

［57］中国保监会：《关于改革完善保险营销体制机制的意见（征求意见稿）》，华邦保险代理网，2010年6月4日。

［58］中国保监会：《关于坚定不移推进保险营销体制改革的思路和措施（征求意见稿）》，百度文库，2012年10月8日。

［59］中国保监会：《关于坚定不移推进保险营销员管理体制改革的意见》（保监发〔2012〕83号），保监会网站，2012年10月8日。

［60］张友、万涛：《渐进式改革 保险营销体制改革小步子大决心》，《21世纪经济报道》2012年7月28日。

［61］郭伟超：《营销改革问题 应着眼于提升保险营销员素质与收入》，《保险经理人》2012年11月16日。

［62］张其仔著：《中国产业竞争力报（2012）》，北京：社会科学

文献出版社，2011年版。

［63］周英、夏智华著：《经营风险管控》，北京：中国金融出版社，2011年版。

［64］朱进元：《大力推进保险社会文化建设》，《中国保险报》2012年1月。

［65］张瑞纲：《我国当前保险代理人制度存在的问题及改进措施》，《大众科技》2009年第3期。

附录:

保监会关于保险营销体制改革的发文及其他

附录：保监会关于保险营销体制改革的发文及其他

附录1：

关于规范代理制保险营销员管理制度的通知

保监发〔2007〕123号

各保险公司、各保险中介机构：

为促进保险营销业务健康发展，根据《中华人民共和国保险法》、《中华人民共和国合同法》、《保险营销员管理规定》等有关法律、规章，现就进一步规范代理制保险营销员管理制度有关问题通知如下：

一、严格遵守从业资格要求

保险公司和保险中介机构不得与未取得"保险代理从业人员资格证书"或"农村保险营销员资格证书"的人员签订个人保险代理合同；不得委托未取得"保险代理从业人员资格证书"或"农村保险营销员资格证书"的人员从事保险营销活动。

二、规范增员制度

（一）保险公司和保险中介机构招募代理制保险营销员时，在广告、宣传手册及口头宣传和解释中应当明确说明招募的是代理制保险营销员而非公司员工。不得明示或者暗示是在招聘公司员工，或者承诺将其转为公

司员工。

（二）保险公司和保险中介机构招募代理制保险营销员的活动应当与公司员工招聘活动分开进行。

（三）保险营销员自行聘用他人协助其管理，或者自行将客户管理等相关工作委托或者外包给他人时，应当明示不属于公司招聘行为。

三、规范个人保险代理合同管理制度

（一）保险公司和保险中介机构应当在个人保险代理合同显著位置明示不属于劳动合同，并经保险营销员确认。

（二）个人保险代理合同应当明确规定合同双方的主要权利义务，包括合同订立、合同变更、合同期限、委托授权范围、手续费（佣金）支付制度、违约责任及违约金、合同解除等。

保险公司和保险中介机构应当将手续费（佣金）的支付标准及其调整情况及时告知保险营销员。

（三）个人保险代理合同的条款和用语中不得出现员工、工资、薪酬、底薪、工号等误导性条款或者用语。

（四）个人保险代理合同应当至少给保险营销员一份原件。

个人保险代理合同丢失或者损毁的，应保险营销员的要求，保险公司和保险中介机构应当提供合同文本。

四、规范日常管理制度

（一）保险公司和保险中介机构不得要求代理制保险营销员实行公司

员工考勤制度。

（二）保险公司和保险中介机构不得要求代理制保险营销员适用公司员工管理制度。

（三）除依照法律和行政法规规定，或者依据个人保险代理合同追究违约责任外，保险公司和保险中介机构不得对代理制保险营销员实施罚款、处分、开除等处罚。

（四）除法律、行政法规另有规定，或者存在利益冲突外，保险公司和保险中介机构不得禁止或限制保险营销员兼职从事其他职业或其他工作。

因法律、行政法规另有规定，或者存在利益冲突限制禁止保险营销员兼职的，应当经保险营销员确认并在个人保险代理合同中明示。

（五）保险公司和保险中介机构应当严格按照个人保险代理合同约定及时履行手续费（佣金）支付义务，不得因个人保险代理合同约定以外的理由扣减手续费（佣金）。

（六）保险公司和保险中介机构应当关心保险营销员的社会保障事宜，主动协助、指导保险营销员参加社会保险，获得社会保障。

中国保险监督管理委员会
二〇〇七年十二月十九日

附录 2：

关于改革完善保险营销体制机制的意见
（征求意见稿）

今年以来，向保监会和有关政府部门反映保险营销体制问题的信访件明显增多，网络媒体也相当关注，有关报道和评论很多，这引起了国务院领导的重视。按照国务院领导要求保监会掌握实情，注意动向，研究法规，提出政策法规建议的指示精神，陈文辉主席助理多次主持有关部门、主要保险公司和保险中介公司召开会议，通报当前形势，征求有关部门和公司意见，研究保险营销体制机制问题。在前一段时间调研的基础上，就改革完善保险营销体制机制提出如下初步意见。

一、充分认识改革完善保险营销体制机制的重要性和紧迫性

保险营销制度 1992 年引入我国，为保险业发展和服务经济社会做出了重要贡献，已经成为保险公司尤其是寿险公司首选的销售渠道和核心竞争力。截止 2008 年底，保险营销员数量已达 256 万人，保险营销业务规模从 2002 年的 1082 亿元增至 2008 年的 3380 亿元，占总保费收入的比重提高到 35%，最高时 2006 年达到 47%。但总体上看，现行营销体制是保险公司在我国社会主义市场经济法制体系框架外，本着成本最小、责任最小的目标而由小到大，逐步自发膨胀起来的，其体制弊端和风险经过十多

年的积聚和扩散，在我国经济社会转型、保险业发展进入新阶段条件下越来越不容忽视，已开始危及保险业的持续健康发展。

（一）保险营销员没有合法明确的法律身份

现行保险营销体制下，保险营销员被保险公司称为个人保险代理人，但事实上他们却一直没有合法身份定位，名为保险代理人实非代理，看似保险公司员工实非员工。从《保险法》要求看，保险营销员不具备《保险法》规定资格条件，没有取得保险代理业务经营许可证，违反了《保险法》关于保险代理人的规定。从《劳动法》等要求看，保险营销员是保险公司招聘的，为保险公司推销保险产品，并接受保险公司的培训和管理，保险营销员作为劳动者的合法权益却没有得到保障，违反了《劳动法》等有关劳动用工制度的规定。从工商登记管理要求看，保险营销员没有依法办理工商登记，违反了工商登记注册管理的规定。目前，保险营销员的社会地位尴尬、随之带来诸多问题：如缴纳双重税收、社保渠道不畅等等。

（二）保险营销机制本身也具有明显的内在违法性特征

保险公司普遍采取以增员奖励和血缘保护为激励手段的多层级组织发展模式，这与《禁止传销条例》规定的非法传销十分相似。保险营销机制（业界俗称的基本法）中"招募式"的增员机制，"级差式"的团队层级管理模式（少则七八级，多达十几级）、根据"级差"和"血缘关系远近"复式计酬等方面，与工商部门认定传销的"介绍加入"、"组成网络"和"复式计酬"等三个要件，基本没有区别。因此，保险营销模式一旦被不法分子非法利用，极易蜕变为非法传销活动。事实上2008年以来，北京大润经纪、广东珠江经纪等保险中介公司涉嫌非法传销活动的问题不断暴露，已经被工商和公安部门立案查处。

（三）现行体制机制已经严重危及了行业的可持续发展

如继续维持现行保险营销体制，保险业将长期走不出"人海战术"的粗放营销模式。一方面，保险营销员队伍将继续低素质膨胀。现行保险营销模式下，保险公司依赖大量的"廉价的劳动力资源"进行低成本经营，以寻找潜在客户的态度增员，以"感情展业"方式挖掘每个营销员的家庭和社会关系，以此维持源源不断的保源。保险公司对保险营销员的增员失去管控，任何素质的应聘者都能成为保险公司的营销员。2002年以来的六年，保险营销队伍年均增长速度达12%。特别是过去两年，保险营销员数量从2006年底的156万人发展到256万，净增百万人。另一方面，保险营销员的高脱落率和展业方式的短期行为化仍将继续恶化。对于大部分保险营销员来说，业绩考核成为一道无法迈越的槛，辛勤付出下的收入微薄成为无法启齿的苦，低微的社会地位成为心中难言的痛。在这种境况下，保险营销员的职业成就感和归属感无从谈起。据统计，目前我国保险营销员13个月的留存率平均只有30%左右，两年留存率不到15%，远低于其他国家和地区的水平。同时，在完全依靠业绩佣金提成的计酬方式下，保险营销员展业时眼前利益为上，再加上对保险营销员的基本职业素质把关不严，后续培训管理没有跟进，保险营销员销售误导消费者成为行业顽症，2006年保监会机关收到消费者投诉保险营销员营销误导信访件59件，2008年达到147件，这还没有包括一些直接诉诸法院的，以及公司内部解决的或者直接投诉到地方保监局的。

这种掠夺性的营销人力资源开发策略，已经威胁到行业的可持续发展。当前保险行业已经步入广增员、高脱落、低素质、低产能的怪圈，行业内人员频繁流动、人力成本虚增，以及产生大量的孤儿保单。数据显示，尽管保险营销业务总规模稳步增长，保险营销员的人均产能和人均收入却下降较快。保险营销员的大进大出已经给保险业社会形象带来负面影

响，如今保险公司用"保险代理人"、"保险营销员"字样招聘，已经招不到人。公司开始用"保险规划师"、"财务经理"、"理财师"名义招聘营销员。可见，目前寿险营销渠道业务的"高增长"，某种意义上是牺牲投保人的利益、营销员权益和行业持续发展能力为代价的。

（四）现行体制掩藏着影响社会稳定的不安定因素

多年来，保险营销员的正当利益诉求被行业忽视，他们与保险公司的矛盾较深。由于法律定位模糊，保险营销员缺乏职业安全感和归属感，保险营销员的社保问题、双重税收问题多年没有根本解决。"人海战术"的经营模式下，保险公司依托营销团队自我管理，基层公司，特别是保险营销团队主管任意罚款，挪用、克扣营销员佣金等侵占营销员权益的情况普遍。近年来保监会收到的反映保险营销体制和公司管理问题的信访件成逐年上升态势。2008年保监会会机关共收到有关信访件400多件，占总信访件的12%。中国保监会主席信箱开通至今，共办理近300件营销员的来信，其中反映保险营销体制和公司管理问题的超过50%。

目前，保险营销员多达256万，并且还是一支人员庞杂、层级严密的队伍，一旦其利益诉求长期得不到解决，不满情绪得不到宣泄，在当前经济社会形势下，这犹如行业内一颗随时可能被引爆的炸弹，个别偶然性事情就可能诱发大规模的集体上访等事件，成为危及社会稳定的不安定因素。在当前形势下，保险营销体制改革问题晚改不如早改，被动改不如主动改。

二、明确改革完善保险营销体制机制的指导思想、总体目标与基本原则

（一）指导思想和总体目标。以邓小平理论和"三个代表"重要思想

151

为指导，深入贯彻落实科学发展观，坚持以人为本，增强守法意识。充分认识解决保险营销体制问题的重要性和紧迫性，充分调动各方面的积极性和主动性。充分估计改革的复杂性和艰巨性，积极稳妥，统筹协调，先行试点，稳步推进。用五年左右时间，构建一个法律关系清晰、管理责任明确、权利义务对等、效率与公平兼顾、收入与业绩挂钩，基本保障健全、合法规范、渠道多元、充满活力的保险销售新体系。造就一支职业品行良好、专业素质较高、可持续发展的保险营销队伍。

（二）基本原则。—**依法规范，服务发展**。改革保险营销体制的根本目的是要按照依法经营、依法监管的法治化要求，适应保险业站在新起点、进入新阶段的新形势，引导保险公司全面走上依法合规经营的健康轨道。

监管推动，行业同步。在当前形势下市场依靠自身力量无法完成自我调节，监管部门的宏观调控职能和作用至关重要。必须提高全行业的思想认识，贯彻以保险公司为主、行业同步的思想，全行业动员起来，形成合力，共同打破现有体制沿着低素质、低产能轨道继续膨胀的局面。

整体规划，试点推进。保险营销体制改革涉及面宽、对行业影响深远，应站在行业长远健康发展的高度整体规划，明确改革的基本方向和框架。同时，要清醒认识保险营销体制改革是一项长期性、系统性工作，需要充分估计改革任务的复杂性和艰巨性，按照先行试点、由点到面、稳步推进的工作思路，积极稳妥地推进改革。

统筹兼顾，标本兼治。保险营销体制改革应当把完善制度机制体系与解决当前突出问题结合起来。从行业发展全局出发，兼顾保险公司和保险营销员等各方利益，注重治标与治本的结合，正确处理监管、市场、公司、保险营销员之间的关系。在着眼机制体制改革完善的同时，立足当

前，着力解决一些行业存在的突出问题。

三、坚决、稳妥、渐进地化解当前保险营销体制机制的突出矛盾

采取措施保持保险营销队伍稳定，规范保险公司在增员、层级管理、薪酬激励等方面存在的突出问题，尽最大努力使当前营销队伍中的突出矛盾和问题有所缓解、营销队伍相对稳定，确保不发生大的集中性群体事件、行业社会形象有所改观。

（一）密切关注保险营销队伍当前动态，确保队伍稳定。保险营销体制改革需要和谐的外部环境和有利的行业氛围，当前必须高度关注保险营销员队伍稳定问题，保监会和保险公司要建立健全营销风险防范和危机处理机制，出现矛盾要及时沟通协调，有效化解。

（二）积极采取措施，逐步纠正保险营销中涉嫌传销的因素

一是敦促保险公司制定科学的保险营销策略，摈弃大进大出的粗放营销模式。改进完善保险营销业务人员的招用、培训、激励约束、辞退管理制度，严格把控保险营销业务人员的招用标准，加强对基层机构保险营销业务人员招用的监督和管理。

二是规范保险公司的营销增员行为。明确要求保险公司建立保险营销业务人员招用信息发布授权制度，适度集中对招用信息的发布权限，原则上中心支公司以下机构不得对外发布保险营销业务员人员招用信息，严格禁止授权现职保险营销业务人员以保险公司名义或者个人名义发布招用信息。明确要求保险公司的招用信息清楚说明拟招用人员的工作内容、职位性质和用工性质。不得以"保险规划师"、"财务经理"、"理财师"、

"销售精英"等概念故意掩藏保险营销业务的性质；不得以主任助理、业务经理、组训、客服人员、储备干部、人事助理、高级文秘等名头故意混淆保险营销业务人员的职位性质；不得以到期可转正为内勤、销售内勤、行政人员、正式员工等许愿式说辞故意模糊保险营销业务人员的用工性质。严禁保险公司采取各种变通方式诱使新进保险营销员为达成业务考核购买自保保单。

三是要求逐步弱化多层级的营销管理模式。针对增员过程中的人头奖励、管理体系上的多层级网络、计酬制度中的血缘关系提佣，明确要求公司采取有力有效措施，列出时间表，降低增员奖励，明确直接业务佣金收入占比的最低下限，收缩管理层级，强化公司直接管控责任。

四是规范行业业务和服务用语。无论口头称呼、内部文件制度，还是对外报道，一律不能使用"基本法"字样。一律不能在公司培训、媒体宣传中教授营销话术，突出强调以专业诚信的服务用语客观地为客户分析保险需求，提供投保建议。

四、先行试点，以点带面，稳步推进保险营销体制改革

为避免对保险行业和社会稳定造成大的震荡和冲击，建议用 5 年左右的时间，通过区域试点和逐步推进的方式，采取多种合法有效途径和渠道转化的操作方式，对保险营销员队伍进行多元转化，理顺保险公司对保险营销员的用工关系，实现保险营销体制的平稳转型。

（一）确定试点的基本方向和框架

在《保险法》、《劳动法》、《劳动合同法》等法律行政法规共同约束的法律框架内，对保险营销员进行多元转化。保险营销员可以成为保险

公司的销售员工、保险中介公司的销售员工、以保险公司为用人单位的劳务派遣公司员工，以及符合保险法规定的个人保险代理人。

1. 转化为保险公司的销售员工

将保险营销员定位为公司员工有国际惯例可以借鉴，在日本，保险营销员的主体是保险公司的销售员工。立足现有劳动法律系框架，理顺保险营销员的劳动用工制度在经营上是可行的。首先，市场经济体制下的用工关系和报酬方式已经非常灵活。有固定的、临时的、长期的、短期的、计件的、计时的，一切都通过合法的劳动合同确定。明确保险营销员的员工地位，并不是要恢复过去的终身制和大锅饭式的传统用工方式，其次，公司可以在现有佣金总支出的范围内，制定一套合理的薪酬标准和奖励制度。在保证最低基本工资，缴纳劳动法规定的社会保险费用基础上，科学制定福利待遇方案，通过科学的聘用机制、激励竞升机制、淘汰机制，对业务能力差，违法违规的人员进行淘汰，保留相对稳定的营销队伍，这样就不会过高增加企业的负担，相反通过销售队伍的稳定、整体素质和产能的提高，降低成本，提高效益，增强竞争力。再次，可以在现行法规框架内争取减轻公司营销管理成本。明确公司和营销员的用工关系后，工商部门不会要求营销员进行工商登记，营销员也不用再缴纳营业税。同时，我会还可以与社会劳动保障部和税务总局沟通，考虑到保险营销员岗前培训期间和见习期间的人员流动性极高，保险营销员收入的不稳定性的行业特点，争取一些行业税收优惠和社保灵活政策。理顺用工关系，可以达到多赢局面：从投保人和被保险人的角度讲，密切了公司与保险营销员的关系，强化了公司的责任，有利于保护投保人和被保险人的利益；从保险营销员角度讲，保险营销员的社会保障问题、税负问题等将迎刃而解，有利于维护营销员作为劳动者的合法权益；从保险公司角度讲，将有效约束保险公司的粗放营销模式，走向集约化经营，提高经营效益；从行业发展的

角度讲，促进行业依法经营，依法监管，形成行业和谐发展局面，有利于保险业的长远可持续发展。

2. 转化为保险中介公司的销售员工

鼓励保险公司加强与保险中介机构的合作，逐步分流销售职能，走专业化、集约化的发展道路。专属代理公司形式既可以维持保险公司对销售渠道的管控能力，也是保险公司实现专业集约化经营、降低经营成本的有效途径。

同时，目前全国有保险代理公司 1822 家、保险经纪公司 350 家，它们也可吸纳部分保险营销员，今后应严格禁止专业保险中介公司采取代理制营销体制。

3. 转化为以保险公司为用人单位的劳务派遣公司员工

借鉴保安人员、电话销售中话务人员的使用管理中借道劳务派遣制度的方式，研究在保险营销员管理中发挥劳务派遣公司作用的可能性，依据《劳动合同法》在劳务派遣公司、保险营销员、保险公司三方之间形成稳定的法律关系，通过劳务派遣公司与保险营销员之间的劳动合同明确保险营销员作为劳务派遣公司员工的身份定位，通过劳务派遣协议明确保险营销员为保险公司销售保单和提供保险服务的工作性质。

4. 注册为个人保险代理人

根据新保险法，个人保险代理人是根据保险人的委托，向保险人收取佣金，并在保险人授权范围内代为办理保险业务的个人。按照工商注册登记管理制度，个人性质的经营主体有以下三类：个体工商户，个人独资企业，合伙制企业。建议允许少数专业素质高，管理能力强，又有一定资金实力的营销员注册为独立个人代理人，以个人独资企业或合伙制企业形式

注册，参照专业保险代理公司监管规定，制订较高的准入资格条件，独立个人代理人可以代理多家公司产品。同时，允许一些营销员以个体工商户形式注册，准入条件相对较低，但只能代理一家保险公司产品，即为专属个人保险代理人，所属保险公司对专属个人保险代理人有集中培训和管理的职责。

（二）明确试点的基本原则

坚持政府主导、监管支持、政策倾斜，法人负责、多方配合，特事特办、风险可控，集中力量、重点突破，由点到面、稳步推广。

（三）认真选择好试点地区

为确保试点不对保险公司的整体业务经营造成大的波动，确保改革的可操作性和可控性，先行试点宜选择在一个地域范围不大、市场化程度高、业务发展平稳、当地政府支持的区域市场进行。试点市场的当地政府和保监局应制订指导市场内保险公司启动营销体制改革的总体意见，在试点市场设有分支机构的保险法人公司应该制定本公司在试点市场的具体改革实施方案。统一时间，同时推进。在区域市场试点，保险公司压力较小，容易操作和控制。也有利于及时总结经验，完善推广方案。在试点取得经验和成效的基础上，根据实际情况，逐年扩大试点区域，逐步扩大改革成果。同时，也鼓励有积极性和有条件的保险公司自主先行进行保险营销体制改革试点。

（四）做好配套支持政策研究

保险监管机构和试点地区当地政府的特殊政策支持是试点顺利推进和成功的重要条件。监管部门可在试点区域率先引入个人保险代理人制度，

鼓励保险公司在试点区域通过设立、改制、合作等多种形式建立专属代理合作关系。当地政府在转制过程中，应积极协调相关部门，在办理工商、劳动等行政事务时，优先办理，提高工作效率；在用工纠纷、社会矛盾主持有关部门及时协调疏导。

五、明确推进保险营销体制改革的工作要求

（一）**高度重视，加强领导**。保险营销体制改革是保险业中的一件大事、急事和难事，事关保险业的长远健康发展和社会的和谐稳定。为加强对改革各项工作的领导，保监会牵头有关单位、有关部门和保险公司总公司成立保险营销体制改革工作领导小组和工作小组。**主要职责：**1. 研究制订改革方案和配套措施制度；2. 密切关注试点进展，并向国务院汇报；3. 协调国务院有关部委；4. 对试点区域工作指导协调；5. 加强舆论宣传引导。当地政府牵头相关部门、保监局、保险公司成立领导小组和工作小组。**主要职责：**1. 监督试点地区公司落实改革方案，遵守有关法规制度；2. 试点区域相关政策制订与改革事务协调；3. 建立完善风险防范和危机处理机制，出现矛盾要及时沟通协调，有效化解。

（二）**明确责任，形成合力**。保险法人公司必须承担起本公司保险营销体制改革第一责任人的职责，要根据保监会的安排部署，结合本公司实际情况，统筹制定统一的改革方案，监督和指导各级机构保险营销体制改革进程，调动和发挥各级机构的积极性、主动性和创造性，上下协调联动，形成改革合力。

（三）**积极沟通，正面引导**。保险营销体制改革关系到广大保险营销员的切身利益，容易引发和激化矛盾。要加强舆论正面引导，耐心细致做好解释工作，引导保险营销员找准保险行业发展与个人利益、个人职业生

附录：保监会关于保险营销体制改革的发文及其他

涯的结合点和平衡点，理解和支持保险公司的相关改革措施，确保各项工作顺利进行。要广泛宣传改革的重大意义和主要政策措施，积极引导各方预期，增强各方信心，为深化改革营造良好的舆论环境。

中国保险监督管理委员会
二〇〇九年六月

附录 3：

关于加强和完善保险营销员管理工作有关事项的通知

保监发〔2009〕98号

各保险公司、各保险中介公司：

多年来，保险营销为促进我国保险业特别是寿险业的发展发挥了积极作用。但是，也应当看到，在当前我国保险业发展站在新的起点、进入新的阶段的新形势下，现行保险营销在管理方式、队伍素质等方面与保险业发展的新要求很不适应。全行业务必按照立足当前、着眼长远、统筹兼顾、积极稳妥、务求实效的原则，积极探索改革完善保险营销制度的有效途径，不断加强和改进营销员管理、维护营销队伍稳定、提升营销队伍素质。现就有关事项通知如下：

一、切实转换经营理念，转变保险营销发展方式

（一）适应保险业与经济社会发展的新形势，立足公司的长远发展和行业的可持续发展，切实转变经营思想，树立科学的保险营销理念，以人为本，逐渐走出人员大进大出的粗放保险营销模式。各公司要严格保险营销人员的准入标准，改变现行保险营销人员选聘机制中重数量、忽视素质的做法；要建立科学的业绩考评和计酬制度，改变现行保险营销人员绩效考核机制中计酬层级过多、间接佣金比重过大的价值导向；要下大力气加

强保险营销人员的品行教育和专业能力培训，改变现行保险营销人员教育培训机制中重展业技巧训练、忽视专业能力建设的倾向；要加强对基层机构保险营销管理工作的规范、引导和监督，改变在日常管理中对基层机构重业务考核、忽视管理监督的做法。

二、全面落实公司管控责任，规范保险营销招聘行为

（二）加强对保险营销招聘工作的指导、监督和管控。各公司要制定规范统一的招聘政策、标准和流程，设立专门部门负责管理保险营销人员的招聘工作；要适度集中和上收保险营销人员招聘权限，禁止授权现职保险营销人员以任何形式单独招聘保险营销人员；要严厉制止基层机构和基层人员在招聘保险营销人员过程中的误导行为和不实宣传。

（三）加强对保险营销人员招聘广告等信息的管理。各公司对外发布的招聘保险营销人员广告等宣传材料，应当清楚说明营销职位的工作内容、性质和用工方式，不得以各种模糊的职业称谓和职位头衔粉饰保险营销的工作性质；不得以混淆保险营销人员的职业性质和职位级别等手段误导社会求职人员盲目加入保险营销队伍；不得允许现职保险营销人员单独举办招聘推介会、发布招聘信息。

（四）加强对保险营销人员面试工作的管理。各公司应当针对保险营销的性质特点，制定规范统一的面试标准和流程，涉及保险营销人员权益的重要事项应当明确告知，并建立签字确认制度，不得允许现职保险营销人员单独面试他人。

三、着力改进日常管理，维护营销队伍稳定

（五）禁止向保险营销人员的乱收费行为。各公司要严格按照《关于

规范保险营销团队管理的通知》(保监发〔2007〕93号)等有关要求,严格约束和规范向保险营销人员收取押金、费用等行为,对基层机构拟收取押金的种类及金额应当建立严格的事前审查和批准制度,同时严格要求基层机构在与保险营销人员签订合同时,应当清楚说明它们的性质、用途、退还条件与程序,并经保险营销人员签字确认。

(六)禁止以购买保险产品作为保险营销人员转正或入司的条件,禁止强迫或者诱使保险营销人员为达成业务考核指标而购买保险。

(七)加强对基层机构的管控和监察力度,从严约束和规范基层营销团队管理人员的行为。各公司要严格禁止基层保险营销团队主管任意罚款、挪用及克扣营销人员佣金等侵害营销人员权益的行为,严格禁止扣留保险营销人员资格证、身份证等行为。

(八)建立完善应急处置机制和手段,维护保险营销队伍稳定。各公司要深刻认识和高度重视保险营销中的风险和矛盾,建立多层级的保险营销风险处置领导和办事机构,畅通信息报告机制和渠道,健全保险营销风险防范和危机处理机制,提高处理保险营销人员突发事件的反应速度和应对能力;要高度重视保险营销人员的信访投诉,高度关注保险营销人员中出现的群访、串访等苗头性事件,加强信访沟通协调,做到防微杜渐,将矛盾和纠纷化解在萌芽状态,努力消除保险营销队伍中的不和谐因素。

(九)改善保险营销人员收入水平和福利待遇,提高保险营销人员的职业归属感和公司认同感,促进保险营销队伍稳定发展。各公司要因司制宜、因人制宜,积极探索有效方式和途径,积极运用商业保险机制和手段完善保险营销人员的福利保障,提高保险营销人员在意外伤亡、医疗、养老等商业保险的覆盖范围和保障水平;积极加强与社会保障等有关部门的沟通与协调,积极发挥行业自律组织的协调联络作用,探索保险营销人员

参加养老、医疗等社会保险的有效途径，可以因地制宜地采取多种方式，不断畅通保险营销人员的社会保障渠道。

四、致力加强队伍建设，提升保险营销人员综合素质

（十）逐步优化保险营销人员队伍结构。各公司要根据公司的管理水平、市场实际，严格保险营销人员的招聘标准，建立高于监管要求的保险营销人员最低准入条件，逐步提高保险营销人员的整体文化水平，改变目前保险营销人员来源渠道比较单一、整体文化不高的状况，确保保险营销人员具备较好的职业素质和专业技能。

（十一）加大对保险营销人员的教育培训投入和力度。各公司要严格依照相关监管要求，结合公司实际，切实加强保险营销人员的岗前培训和在职培训工作，不断提高保险营销人员的依法合规意识和保险专业知识素养；要结合本公司的产品性质和客户群的特点，对保险营销人员的销售资格和能力实行精细化管理，积极探索针对投连、健康等保险产品引入分级分类的销售资质管理体系；要支持和参与全行业性的有关保险营销人员职业操守、服务标准、资质管理体系的建设，积极支持鼓励本公司保险营销人员参加国内外机构和组织推行的专业资质水平考试和专业知识课程培训。

（十二）狠抓保险营销队伍的诚信建设。各公司要严格落实对保险营销人员的持证上岗和挂牌展业制度，不得以见习、实习等形式和名义允许未取得从业资格的人员开展业务；要切实加大对保险营销人员特别是展业明星、金牌营销人员的日常从业行为的监督和管理，防止公司营销队伍中出现误导、欺诈消费者等损害行业形象、危及社会稳定的重大违法违规案件；要按照相关监管要求，做好保险营销人员执业信息的登记、维护等工

作，建立健全本公司营销人员资质和诚信信息查询制度，开设电话、网络等查询途径和手段，自觉接受社会公众对本公司保险营销人员的监督。

此前有关文件与本通知不相符的，依照本通知执行。

中国保险监督管理委员会

二〇〇九年九月十一日

附录4：

关于改革完善保险营销员管理体制的意见

保监发〔2010〕84号

各保监局，各保险公司、保险中介机构：

前一时期，保险营销制度在促进保险业快速增长等方面发挥了重要作用。但是，随着社会环境的不断进步，我国保险发展进入新的阶段，保险营销员管理的一些体制机制性矛盾和问题开始显现。管理粗放、大进大出、素质不高、关系不顺等问题比较突出。通过改革创新，逐步解决这些问题，对保险业长期可持续健康发展、防范保险市场系统性风险、维护被保险人利益具有深远意义。经商人力资源和社会保障部、国家工商行政管理总局，现就做好改革完善保险营销员管理体制工作提出以下意见：

一、全行业要深入贯彻落实科学发展观，坚持以人为本，统一思想认识，增强守法意识，高度重视改革完善保险营销员管理体制工作的紧迫性和必要性，充分认识改革完善保险营销员管理体制工作的艰巨性和复杂性，注重调动各方面的主动性和创造性，按照稳定队伍，提高素质，创新模式的总体要求扎实开展工作。

二、各保险公司和保险中介机构应依据《中华人民共和国劳动法》、《中华人民共和国劳动合同法》、《中华人民共和国保险法》等法律法

规,依法理顺和明确与保险营销员的法律关系,减少与保险营销员的法律纠纷,切实维护保险营销员的合法权益。着力构建一个法律关系清晰、管理责任明确、权利义务对等、效率与公平兼顾、收入与业绩挂钩,基本保障健全、合法规范、渠道多元、充满活力的保险销售新体系,造就一支品行良好、素质较高、可持续发展的保险营销队伍。

三、各保险公司和保险中介机构应切实承担起本公司保险营销员管理体制改革责任,要从实际出发,立足当前、着眼长远、统筹兼顾、积极稳妥、务求实效,成立由主要负责人组成的公司领导机构,由营销员管理、财务、法律等有关部门组成的工作机构,统筹本公司保险营销员管理体制改革工作。结合公司实际,研究选择合法、有效的保险营销发展方式,制订改革方案,完善配套措施。

四、各保险公司和保险中介机构要按照体制更顺、管控更严、素质更高、队伍更稳的发展方向,全面梳理本公司保险营销员管理情况,要切实转换经营理念,规范公司招聘行为。要缩减保险营销队伍组织管理层级,加强基层机构的管控和监察力度,从严约束和规范基层营销团队管理人员的行为。要逐步转变人力和规模考核导向的利益分配机制,激励考核向基层绩优人员,向业务质量倾斜。要加强保险营销队伍建设,加大对保险营销员的教育培训投入和力度,狠抓营销员队伍的诚信建设,提升保险营销员的综合素质。要改善保险营销员的收入水平和福利待遇,提高保险营销员的职业归属感和公司认同感,促进保险营销队伍稳定发展。

五、鼓励保险公司和保险中介机构积极探索新的保险营销模式和营销渠道,逐步实现保险销售体系专业化和职业化。鼓励保险公司加强与保险中介机构合作,建立起稳定的专属代理关系和销售服务外包模式,通过专业保险中介渠道逐步分流销售职能,集中力量加强产品服务创

新、风险管理、资金运用，走专业化、集约化的发展道路。

六、鼓励保险公司投资设立专属保险代理机构或者保险销售公司。鼓励包括外资在内的各类资本投资设立大型保险代理公司和保险销售公司，加快市场化、规范化、职业化和国际化步伐，稳步提高承接保险销售职能的能力，为保险营销员管理体制改革提供更广阔的销售和服务平台。

七、各级保险监管部门要解放思想，与时俱进，鼓励和支持市场主体积极探索改革完善保险营销管理制度，认真研究制订相关政策制度并监督落实情况。要在现行法规框架内积极协调有关部门争取政策支持，创造良好外部环境。要积极配合有关部门依法维护劳动者合法权益，支持有关部门依法整顿市场秩序。对于符合现行法规制度，采取新的保险营销模式的保险公司和保险中介机构，在机构批设、产品创新等方面给予政策支持。

八、全行业要把保险营销队伍稳定问题摆在改革工作的突出位置，逐步推进各项改革进程。各保险公司和保险中介机构要高度关注保险营销队伍的潜藏风险，建立健全保险营销风险防范和危机处理机制，对于风险苗头和问题要及时处理并向各级保险监管部门报告。

全行业要注意研究改革过程中出现的新情况、新问题，化解改革阻力，推动改革进程。要妥善处理改革、发展和稳定的关系，积极探索和总结解决问题的办法和经验。

中国保险监督管理委员会
二〇一〇年九月二十日

附录 5：

关于贯彻落实《关于改革完善保险营销员管理体制的意见》的通知

保监中介〔2010〕1221 号

各保监局，各保险公司、保险中介机构：

为扎实推进保险营销体制改革，近日保监会下发了《关于改革完善保险营销员管理体制的意见》（保监发〔2010〕84号，以下简称《意见》），现将贯彻落实《意见》的有关要求通知如下：

一、全行业要认真贯彻落实《意见》精神，按照稳定队伍、提升素质、创新模式的总体要求扎实推进改革工作。其中稳定是基础，要在保持现有营销队伍基本稳定的前提下，分层次、分步骤稳步推进改革。同时，要积极探索和创新保险营销的新模式、新路子，着力构建一个法律关系清晰、管理责任明确、权利义务对等、效率与公平兼顾、收入与业绩挂钩、基本保障健全、合法规范、渠道多元、充满活力的保险销售新体系。造就一支职业品行良好、专业素质较高、能够可持续发展的保险营销队伍。

二、保险公司要切实转换经营理念，转变传统的粗放型发展方式，全面落实公司的管控责任，规范保险营销的招聘行为和日常管理，加强保险营销队伍建设，提升保险营销人员综合素质，维护营销队伍稳定。同时要

提高创新意识，积极探索新的保险营销模式和营销渠道，促进保险产业升级，实现专业化经营，促进可持续性发展。

三、保险中介机构要注重提高自身的资本实力和综合竞争力，努力提升自身的专业化程度和服务水平，通过构建专业产品销售网络等途径，逐步实现产品销售体系的专业化和职业化，提高中介渠道承接保险销售职能的能力，为改革提供更广阔的销售和服务平台。同时要加强同保险公司的联系与合作，建立双方良性互动关系，走专业化、集约化的发展道路。

四、各级保险监管部门要努力创造良好外部环境，注重发挥和保护市场的自主创造性，鼓励支持保险公司和中介机构主动探索与创新模式，结合公司和地方实际进行各种有益尝试。同时，要注重统筹兼顾，保持改革过程的稳定，发现风险苗头和不稳定因素时要及时采取必要措施，避免由于改革的过急过快而引发风险隐患。要密切关注市场动态，把握改革进程，及时反馈和报告改革过程中遇到的新情况、新问题。

中国保险监督管理委员会
二〇一〇年十月十三日

附录 6:

关于坚定不移推进保险营销体制改革的思路和措施
(征求意见稿)

按照 2012 年全国保险监管工作会议关于"稳步推进保险营销体制改革"的指示精神和主席办公会议关于"认真研究营销员体制改革问题"的工作要求,我会认真分析现行保险营销体制的突出问题与改革形势,提出了初步的改革思路和措施。

一、现行保险营销体制的突出问题和改革形势

认清现行保险营销体制存在的突出问题是下决心进行改革的前提。保险营销体制在我国保险业发展初期,适应了宏观经济社会环境以及保险业自身发展的需要,对推动保险业,尤其是寿险业的快速发展起到了重要作用,目前已成为寿险业主要销售渠道之一。但是,在法律不断完善、社会不断进步过程中,保险营销体制问题日益突出,弊端逐渐显现。营销员用工方式不符合《保险法》、《劳动合同法》以及工商登记管理规定,不利于保障保险营销员作为劳动者的合法权益。"金字塔式"的营销管理组织架构和收入分配机制与国家工商行政管理部门认定传销行为的主要特征相似,是营销队伍大进大出、素质低下的内在根源,保险行业已步入广增员、高脱落、低素质、低产能的恶性循环。粗放营销模式成为销售误导的

附录：保监会关于保险营销体制改革的发文及其他

重要原因，严重损害保险业形象，危及行业可持续发展。部分公司长期侵占营销员权益，营销员利益诉求长期得不到解决，成为影响社会稳定的不安定因素。

理清保险营销体制改革面临的困难和阻力，是考量改革思路的重要因素。现行保险营销体制问题是长期历史遗留问题，涉及面广、问题复杂，牵扯众多利益关系，要充分认识改革的艰巨性和复杂性。保险营销替代机制和承接渠道尚待成熟。部分公司和一些主管层级的营销人员仍从自身利益出发，对改革的必要性和紧迫性认识不够。现有职业教育体系与保险人力需求脱节，保险营销缺乏专业技能对口的人才输送机制也是阻碍改革的重要因素。

坚定不移的立场态度是推进保险营销体制改革的必要条件。保险营销体制改革符合行业发展趋势，粗放的掠夺式的营销策略严重破坏行业生态环境，难以维系。保险营销体制改革符合以人为本。保监会成功规范寿险营销职场的事实证明，只有坚持依法经营，保险业才能获得长期可持续的发展空间。日本和台湾地区寿险营销方式发展与转型的经验表明，政府干预和监管引导能够对营销方式转型起到关键的倒逼推动作用。在监管态度、社会质疑和市场竞争压力下，市场主体探索新的营销模式和渠道，为改革提供了根本动力。各级领导重视和多方支持也为改革提供了有力保障。这些进一步增强了我们推进保险营销体制改革的决心和信心。

二、坚定不移推进保险营销体制改革的思路和措施

实事求是和切实可行的改革思路和政策措施是保险营销体制改革取得成功的关键。保险营销是保险经营活动中的一个环节，与市场发展阶段，行业转变发展方式，企业经营理念密不可分。保险营销员管理模式的改革

不能就营销员谈营销员,不能为改革而改革,要结合市场实际,与保险销售体系建设,行业转变发展方式和经济社会发展方向相适应。

(一)基本思路与总体目标

认真贯彻全国保险监管会议的决策部署,深入落实科学发展观,按照体制更顺、管控更严、队伍更稳、素质更高的总体要求,坚定不移、稳妥渐进推进保险营销体制改革。改革的基本思路是:敬畏法律,依法经营,依法监管,逐步将保险营销管理体制机制纳入合法轨道;强化保险公司的管控责任,加大对公司营销员销售误导和管理失控的处罚和问责力度;坚持市场化改革方向,监管推动,企业负责,着力提升保险营销人员素质,改善保险营销职业形象;支持创新,鼓励市场主体进行多种形式的探索和实践,以健康增量逐步稀释问题存量;试点先行,集中力量,重点突破,由点及面,稳步推广;加强研究,关注市场动态,边推动、边研究、边总结、边调整,再推动、再研究、再总结、再调整,直至成功。

总体目标是:力争用五年左右时间,构建一个法律关系清晰、管理责任明确、权利义务对等、效率与公平兼顾、收入与业绩挂钩,基本保障健全、合法规范、渠道多元、充满活力的保险销售新体系,造就一支品行良好、素质较高、可持续发展的保险销售队伍。

(二)政策措施

一是理顺监管定位。尽快颁布实施《保险销售从业人员监管规定》,从制度上强化保险公司对营销员的管控责任。长期以来,保险营销员的身份问题一直困扰保险监管机构。在法规中启用保险销售从业人员的概念,有利于监管部门从用工关系、利益分配等纠纷中解脱出来,通过加大对公司营销员销售误导和管理失控的处罚和问责力度,倒逼公司加强营销员培

训的管理，提升从业人员素质，规范销售行为，维护消费者权益，为保险营销体制改革奠定制度基础。

二是引导公司理顺与营销员的用工管理关系。鼓励公司因地制宜、因司制宜、因人制宜，有选择地与营销员签订劳动合同、劳务合同等方式，理顺双方权责利关系。鼓励公司采取多种灵活形式为营销员提供基本工资待遇和社会保险，提高保险营销人员的收入保障水平。敦促公司承担转嫁给营销员的培训、考试等相关费用，切实保障营销员的合法权益。

三是督促公司建立科学的薪酬机制和招聘制度。督促公司弱化增员利益激励机制，建立以业绩和服务质量为导向的考核机制，改变现行激励机制中重规模、轻质量的做法。引导公司探索扁平化管理，弱化营销团队层级管理机制，完善收入分配结构，加大对一线营销人员和绩优营销人员的投入，改变现行选聘机制中拉人头的做法。强化公司增员招聘责任，禁止营销员或营销团队自行招募营销员。

四是下达保险营销素质五年持续改善计划。提高准入门槛，将报名参加资格考试的学历要求提高至大专，同时允许保监局根据实际情况向保监会备案后适当调整学历要求。借鉴日本和台湾地区经验，由行业协会研究留存率、续保率、退保率、投诉率等有关人员和业务质量的关键性指标，建立行业保险营销队伍和业务质量评价体系。保监会和行业协会共同下达保险营销五年持续改善标准和改善计划，要求保险公司报告各阶段改善进度，由行业协会组织落实，保监局监督。未按期达成行业要求的公司，采取限制招聘，限制考试和执业登记人数，限制分支机构批设等措施，敦促公司对保险营销人员的销售资格和能力实行精细化管理。

五是鼓励支持探索新渠道、新模式。鼓励有条件的保险公司成立销售公司，逐步分离销售职能。鼓励保险公司深化与保险中介机构的合作，建

立起稳定的专属代理关系和销售服务外包模式。鼓励公司拓展网络销售、电话销售、社区门店、交叉销售等销售渠道和方式,走多元化营销道路。支持大型保险中介集团、企业开展个人寿险营销业务。加大对外开放,鼓励包括外资在内的各类资本投资设立大型保险代理公司和保险销售公司。通过建立新型的保险销售体系来承接现有模式。

六是选择局部地区进行力度较大的改革试点。选择恰当时机,在风险可控的基础上,选取一至两个地域范围不大,市场基础好,对行业发展大势冲击不大,保监局力量强,当地政府支持的地区试点。试点地区全体保险公司和中介机构必须共同参与,新增营销员严格按照劳动法规依法用工,激励考核机制不得有增员利益和血缘关系。试点地区改革由监管主导,提供政策倾斜,特事特办;实行公司法人负责,集中全行业力量,重点突破;密切关注改革进程,及时总结调整,由点到面,稳步推广。

七是持续深入开展专题研究工作。建立保险营销体制改革工作专项研究小组,系统梳理保险营销员管理制度产生以来的市场发展和监管情况,借鉴国内外保险营销员管理模式改革创新经验,提出改革保险营销员管理模式较为明晰时间表、路线图,探索建立评价改革变化和效果的定性和定量指标。

八是营造良好的政策和舆论环境。对采取新的保险营销模式的保险公司和保险中介机构(包括外资和合资企业),在机构批设、产品创新等方面给予政策支持。与相关部门协调,引导行业和社会投资,与高等院校、职业学校合作办学,建立保险职业教育体系。在现行法规框架内积极协调有关部门,对符合改革方向的销售渠道和销售模式,争取政策支持。引导相关新闻媒体积极宣传监管政策导向和改革典型,明确要求有关保险公司所属报刊不得刊登宣传、鼓励和推介增员误导、营销话术等相关文章和宣

传材料。

九是加强领导，合力攻坚。保险营销体制改革涉及面广，阻力较大，需要领导高度重视，统筹协调改革工作。机关各有关部门和各保监局要加强沟通，通力合作。行业协会、学会、媒体等单位要加强协调和研究，为监管政策的深入贯彻提供经验借鉴、智力支持和舆论引导。加强与相关部门沟通合作，形成合力。各保险公司和保险中介机构要建立一把手负责制，切实承担起本公司的改革责任，结合公司实际，研究选择合法、有效的保险营销发展方式，制定改革方案，完善配套措施。

中国保险监督管理委员会

二〇一二年六月

附录 7:

关于坚定不移推进保险营销员管理体制改革的意见

保监发〔2012〕83 号

各保监局，各保险公司，保险中介公司，中国保险行业协会，中国保险学会：

2010年保监会《关于改革完善保险营销员管理体制的意见》（保监发〔2010〕84号）颁布以来，监管政策正确引导，市场主体积极探索，全行业改革态度更坚决，思想更统一，方向更明确，措施更得力，改革成效初步显现。当前和今后一个时期，各保险机构和行业组织必须进一步解放思想，转变观念，牢固树立改革的信心和决心，坚定不移、稳妥渐进地推进保险营销员管理体制改革。现就改革工作提出以下意见：

一、充分认识保险营销员管理体制改革的必要性和紧迫性

保险营销制度在保险业发展初期，对推动保险业快速增长起到了重要作用。随着社会进步、行业发展和法律体系不断完善，现行保险营销员管理体制关系不顺、管理粗放、队伍不稳、素质不高等问题日益突出，不适应保险行业转变发展方式的需要，不适应经济社会协调发展的时代要求，不适应消费者多样化的保险需求。深入推进保险营销员管理体制改革，对于保护保险消费者利益，提升保险行业社会形象，实现保险业健康可持续

附录：保监会关于保险营销体制改革的发文及其他

发展具有重要意义。

二、基本原则和总体目标

深入落实科学发展观，加快转变发展方式，按照体制更顺、管控更严、队伍更稳、素质更高的总体要求，坚持监管引导、市场选择、行业推动、公司负责的原则，进一步采取更有针对性、更强有力的举措。鼓励创新，用健康增量逐步稀释问题存量。强化保险公司管控责任，理顺保险营销体制机制。提升营销队伍整体素质，推进保险营销队伍职业化。积极探索，试点先行，由点及面，逐步推广。

力争用 3 年左右时间，改变保险营销管理粗放、队伍不稳、素质不高的现状，保险营销队伍素质稳步提升，保险营销职业形象明显改善。用 5 年左右时间，新模式、新渠道的市场比重有较大幅度提升。用更长一段时间，构建一个法律关系清晰、管理责任明确、权利义务对等、效率与公平兼顾、收入与业绩挂钩，基本保障健全、合法规范、渠道多元、充满活力的保险销售新体系，造就一支品行良好、素质较高、可持续发展的职业化保险销售队伍。

三、主要任务和政策措施

（一）鼓励探索保险营销新模式、新渠道。鼓励保险公司设立保险中介公司，逐步实现保险销售专业化、职业化。鼓励保险公司深化与保险中介公司的合作，建立起稳定的代理关系和销售服务外包模式。鼓励各类社会资本投资设立保险中介公司，支持保险中介公司开展寿险营销业务。鼓励保险公司拓展多元化销售渠道和方式，建立新型的保险销售体系。

（二）强化保险公司对营销员的管控责任。完善保险销售从业人员监

管制度，通过加大对保险公司的问责和处罚力度，督促保险公司加强营销员培训和管理，有效防范营销员销售误导等违法违规行为。强化保险公司招聘责任，禁止营销员或营销团队自行招募营销员。

（三）提升保险营销队伍素质。加强营销员资格考试组织管理，根据市场情况，因地制宜，逐步提高保险营销人员准入要求。研究制订保险营销队伍素质评价体系，实施保险营销人员素质持续改善计划。引导行业有关机构、社会组织，与高等院校、职业学校合作，建立保险营销职业教育体系。

（四）改善保险营销员的待遇和保障。保险公司应当逐步理顺与营销员的法律关系，切实保障营销员的合法权益。引导保险公司采取多种灵活形式，为营销员提供劳动者基本的法律身份、薪酬待遇和社会保障。保险公司应当承担与保险营销业务直接相关的考试、培训、保险单证等费用，不得以任何名目向营销员转嫁公司正常业务活动所必需的经营成本。

（五）建立规范的保险营销激励制度。保险公司应当结合保险营销职业特点，建立以业务质量和服务质量为导向的考核制度，改变以扩张人员数量为基础的激励机制。保险公司应当建立科学的管理制度，逐步减少营销队伍层级，完善收入分配结构，加大对一线营销人员和绩优营销人员的投入支持力度。

（六）持续深入开展总结和研究工作。统筹组织社会各方力量，深入研究保险营销员管理体制改革中的重点、难点问题。总结借鉴国内外转型经验，探索建立评估改革变化和效果的指标体系，提出具有前瞻性的改革方向和路径。

四、切实做好组织实施工作

各保险公司要对保险营销员管理体制改革工作高度重视，结合实际，制定合理的改革方案，完善配套措施。保险行业协会、保险学会等有关单位要加强协作和研究，调动各方面参与改革的积极性。鼓励保险公司和保险中介公司按照本通知的原则要求，选择某些区域或某些机构，先行先试，由点及面，认真总结，逐步推广。各级保险监管部门和行业组织对市场主体改革现行保险营销体制机制的创新试点，应在政策上予以鼓励、支持和指导。

保险营销员管理体制改革涉及面广，情况复杂，任务艰巨。各有关单位要进一步认清形势，统一思想，加强领导，强化责任。要充分估计改革困难和阻力，尊重历史，直面问题，把握好改革的时机、力度和节奏，坚定不移地将保险营销员管理体制改革工作不断推向深入。

中国保险监督管理委员会
二〇一二年九月十四日

附录 8：

2007年致中国保监会的一封信：

我们是社会的"另类"吗？

——发自全体保险代理人内心深处的呐喊

保险代理人，（我们）你们究竟是谁？

保险业，是一个朝阳的行业，是你实现自我的舞台，是你成就梦想的地方……这是我们招聘新人的话术。表彰大会上的光环，即刻可兑现的佣金，伶牙俐齿的表现……这是社会大众眼中的保险代理人。保险不是人干的，是人才干的，只要你想成功，你就能成功，关键在于你行动不行动……这是保险公司的激励大师的话语。然而，现实中的保险代理人的真实状况又如何呢？又有多少人在保险业的舞台上成就了梦想，达到了成功呢？

一、保险代理人的酸涩苦辣向谁诉说？

随着中国经济的发展，人民生活水平的不断提高，市场竞争越来越激烈，客户也变得越来越理性，保险代理人面对冰与火的锻炼与考验。有谁知道我们究竟经受过多少次的冷遇，多少次的拒绝，多少次徘徊和迷失在繁华的街道和嘈杂的小巷中。面对"拒绝保险"、"面斥不雅"等黑体大

号字的提示牌,我们能说些什么呢?在沉默中拼命抵御着深入内心的寒冷,就是为了实现我们心中的梦想。渴望成功的意志,让我们把内心深处的寒冷化成火一般的热情去融化一座又一座冰山,为保险公司收回一笔又一笔的保险费。

在经过无数次灵与肉的煎熬之后,终于有一小部分人走到了金字塔的顶部,成为了保险公司的精英。但我们之中的绝大部分人,仍是平平淡淡,依然坚守岗位,为精英献花,为精英鼓掌!还有谁知道,多少年来有多少保险代理人在展业道路上因各种各样的困难而选择放弃,去寻找他们失落的梦想。然而,正是这群人,离去的和没有离去的,他们用自己坚定的信念和努力,用汗水和泪水,在烈日和暴雨下,在挫折和伤痛中带来了中国保险业的快速发展,成就了保险公司无数荣耀和骄傲的市场地位。但是,这一切和为它做出巨大贡献的代理人们却没有什么关系!!他们只能眼巴巴地看着自己的公司越做越好。

二、保单佣金与国际接轨了吗?

保险代理人的生活来源就只有保单佣金,保单佣金的高低直接关系到代理人收入的多少,更直接关系到为客户提供的服务质量。当我们抬起头来,把眼光投向国际上一些成熟的保险市场,发现我们代理人的保单佣金远低于其他国家。在中国,保险代理人首期可以取得占首期保费总量5%~35%左右的佣金,以后逐年减少,一般3~5年就发放完全部佣金,而许多客户的寿险服务却是终身的。这么低的佣金收入,对代理人来说是难以保证未来几十年的服务质量。在东南亚一些国家,长期寿险的首年佣金比例有些甚至能达到当年交保费的100%,有的国家已达到120%。

(1)为了实现展业,代理人要自己支付车旅费、通讯费、餐饮费、礼

品费之类的开支,而保险公司是不会为我们报销相关费用的。

(2)随着市场的逐渐成熟,客户的逐渐理性,我们为展业所付出的相关费用越来越多,而我们的保单佣金却越来越低,收入越来越少。回想1997~2000年期间,以20年交为例。首期佣金为37%,次年佣金为20%,三年佣金为12%,四年佣金为8%,总佣金为80%。而现在呢?首年23%~35%,次年12%,三年为8%,四年8%,五年为8%,总佣金为41%~71%,减少9%!

(3)据最新的业内数据显示,在保险业内也是公开的秘密:在南方发达城市,代理人月平均工资不到1400元。在中西部地区,代理人月平均工资不到800元。远远低于当地社会的平均水平。

(4)随着中国经济的不断发展,城乡居民的收入都在逐年递增,加上近年来飞涨的物价,难道保险公司真的要我们这些代理人全部都逐渐衰亡,自生自灭吗?

(5)近两年来,有的保险公司在创新销售渠道的口号下,高投入地组建一支所谓的特殊销售队伍,说是要取代现有的代理人队伍。这支队伍在特殊政策的倾力支持下,大张旗鼓、大动干戈,四面出击,毫不留情地抢夺原本属于自己公司原来代理人的市场。

三、保险营业税,一定要保险代理人缴吗?(应该由谁来缴?)

保险公司与代理人之间的关系是委托代理关系而非劳务关系,两者签订的合同是委托代理合同而非劳动合同。根据《保险法》和《中华人民共和国合同法》规定,合同当事人的法律地位平等,一方不得将自己的意志强加给另一方,当事人应当遵循公平原则确定双方的权利和义务。

附录：保监会关于保险营销体制改革的发文及其他

但在实际中，保险公司对代理人完全实行企业对其员工的那一套管理方式：缺勤迟到，或违反保险公司一些内部规定，保险公司要对代理人采取扣佣金、降级等惩罚措施。我们被要求承担作为保险公司员工的义务，接受员工般的管理，却不能享受公司员工的福利待遇，甚至连全民都拥有的社会保险我们也无权享受。现在教育部门又开始实行这样苛刻的政策：非本地户籍人员的子女在当地读书，父母必须办理若干年以上的社保。许多营销员因此规定致使子女无法在当地入学，有些也只能无奈地交纳高昂的学费。我们代理人没有底薪，公司不给予办理社保，我们一碰到重病住院往往不堪重负，很快就陷入困境。现在在城里打工的民工、保姆都能享受最低工资每月 810 元的保护，而我们广大代理人的工资收入又有谁来保障呢？

公司的"营销员管理办法"是我们营销人员赖以生存的根本大法。公司也是想寻求好的发展思路，但对基本法的修改、变通是否该慎重点，应广泛征询我们营销员的意见。请公司不要随意地单方面去改动它，让我们来共同维护基本法的严肃性和权威性。

根据我国税务部门的规定，保险代理人在税收上作为一个经营者有交纳各种税收的义务，税务部门对保险代理人征收营业税。如果保险代理人真的作为一个独立经济实体，那么保险公司就应该给代理人以足够的佣金。更不能把保险代理人像公司员工一样地管制，经常克扣我们的佣金，否则的话，那营业税就应该由保险公司来缴纳！

四、我们真的是社会的另类吗？

中国政府也提出要完善社会保障体系，振兴民族保险。从 1996 年至今，目的是为了解决人民群众的后顾之忧，维持社会的稳定和繁荣。中国

保险业的保费收入平均每年以30%以上的速度递增，这些都是我们全体保险代理人十几年来，走遍千家万户，说遍千言万语用汗水和泪水换来的。

然而，我们再回头看一看保险代理人的生存状况又如何呢？保单佣金逐年下降，收入逐渐减少，竞争越来越激烈，展业费用越来越高。在物价高涨的今天，各行各业都在提高员工待遇。而我们三分之二的代理人的月收入目前都在1000元以下。这个收入，在城里都无法维持基本生活，全国也都差不多。就这样很多保险代理人，依然坚守这个行业并不是因为这个微薄的佣金收入，而是基于对保险事业的信仰和基于客户的信任。放不下对客户服务终身的承诺，放不下对客户的责任。

可是社会能理解我们吗？保险代理人早出晚归，日晒雨淋，每天都在为客户解决后顾之忧，然而谁替我们规划未来呢？我们不是保险公司员工，却要接受像员工一样的管理，我们不像代理人，佣金是那么低，却还要交纳营业税，我们好像是生活在夹缝之中的一群人。当保险公司的业务处于低谷，要求我们代理人出业绩的时候，保险公司的领导就会对我们说："你们是公司的主人，公司以你们为荣。"但当保险公司与代理人发生纠纷、需要承担责任的时候，却又说："他们不是公司的雇员，只是我们公司的代理人！"

每当我们静下心来想到这些问题的时候，不禁要问：我们究竟是怎样的一群人？难道我们是这个和谐社会的二等公民？是这个社会的另类吗？

全体保险代理人
二〇〇七年九月二十一日

附录9：

保险　是一种力量

王峰雪

在寻常的日子里

薄薄几页纸的保险合同

被挤压在抽屉的底层

甚至闲置在一个被主人忘却的角落里

静静地守候着

五光十色的生活

令人目不暇接

谁还会想到它呢？

谁还会相信它有价值呢？

谁还能看见保险正孕育着强大的力量呢？

但——

当　生命之花受到伤害的时候

保险就是一种力量

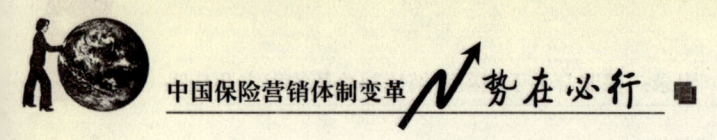

一种最直接的自我疗救和修复的力量

当　家的支柱开始倾斜的时候

保险就是一种力量

一种能将家缓缓扶正的无声的力量

当　我们承受巨大伤痛的时候

保险就是一种力量

一种能带来抚慰让生者鼓起勇气重新出发的力量

当　风雨过后世态炎凉汹涌来袭的时候

保险就是一种力量

一种能让我们以最富有尊严的方式站立起来的力量

当　风险降临的时候

保险就是一种力量

一种以最快的速度兑现公正、公平和信用的力量

当　那些最没有预料到的事情发生的时候

保险就是一种力量

一种能把智慧的远见瞬间转化为现实价值的力量

当　有的人因为眼前的得意而大笑的时候

附录：保监会关于保险营销体制改革的发文及其他

保险就是一种力量

一种能让我们笑得最久、笑到最后的力量

当　无痕的岁月向前伸展的时候

保险就是一种力量

一种始终不渝地支撑着我们无忧前行的力量

当　所有的繁华都落尽的时候

保险就是一种力量

一种任凭海角天涯都承诺不离不弃的力量

当　那些斑斓的梦破灭的时候

保险就是一种力量

一种能让孤独者从容实现重生的力量

当　这个世界变得越来越功利的时候

保险就是一种力量

一种凝聚了人性真和善的最美的力量

是的　人类因梦想而伟大

有希望的日子总是明媚的

但　抵达彼岸却需要力量

需要有形的力量

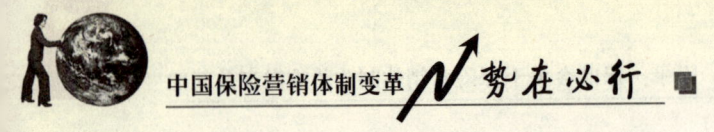

需要无形的力量

而　只有无形的力量

才能引导有形的力量

激发更大的力量

如果没有力量

岁月的年轮该如何转动

如果没有力量

生命的河流将如何绵延

如果没有力量

爱将不再伟大

如果没有力量

生命将黯然失色

保险就是一种力量

一种让爱更坚实的力量

一种让生命更自由的力量

一种让人性的美传播得更远的力量

保险　是一种力量！

后 记

写这本书的想法至少产生于十年前。

2008年才正式动笔，中间的时间一直在断断续续地思考三个问题：写什么？怎么写？想达到什么目的？十年多的时间里，无数次和营销同仁探讨过。2007年还作为深圳分公司精英会会长，应会员的强烈要求，将大家反映过来的普遍性问题和困惑集中整理出来，上交给公司总部的最高决策层，以及当时的国家保监委。然而，一切都如石沉大海。这和中国保险营销体制引进这二十年来，数百万从业者从未间断过的议论、反映，最后又一次次归于沉寂一样。

没有回应，但这一点也不妨碍成千上万名保险营销员和关心保险业发展的有识之士对这一体制的叩问和反诘，以及更深入的思考、更迫切求解的心理。就像一只母鸡突然发现自己苦心孵育出来的一群小鸡一夜之间突然失踪了一样，也许确实给黄鼠狼叼去吃了，但母鸡并未亲眼看到。所以，在接下来的日子里，没有人能阻止她不停地寻找她的孩子们到底在哪儿的行动。

这种寻找的本能和坚持，也许只属于保险营销体制引进中国二十年来的第一代的从业者。他们既是保险营销的拓荒者，又是保险营销体制的受益者，后来又是被这个体制越抛越远的抗争者。他们是一个坚韧地承受着这一巨大离心力、正被社会边缘化的群体。他们曾经豪情万丈，无怨无悔地把自己的青春和汗水毫不犹豫地投入到这个富有激情和希望的行业。他们困惑过、争取过，他们也无数次反省过：问题是否出在自己身上。然而，在平均以 3~5 年为一代计算的保险营销行业里，走马灯式的高流失率使他们渐渐明白了，主因不在他们身上，也不在保险企业，而是这个日益落后于时代的保险营销体制。

对于保险营销体制的反思，是全体保险营销员的幡然觉醒，不可逆转的觉醒。

在此之前，他们曾无数次怀疑过自己，因为保险公司的管理人员和社会对他们的评价，大致都是诸如素质不高、缺少信用、无根无绊靠不住等。甚至有人认为，只有找不到工作的人才会去做保险。

现在，他们终于知道，是保险营销这一体制使他们进入了保险公司，是保险公司的管理模式和培训方式使他们变成了现在这个样子。他们只是这一体制下的产物而已，他们这个庞大的群体，还有保险企业都是这一体制的践行者和试验者而已。当然，这一体制在它来到中国的前些年，确实大大地激发了初期入行者的热情和潜能，能够经过大浪淘沙而顽强生存下来的人（业内称：剩者为王），他们的综合能力确实得到了提升，千万次的拜访和数不清的拒绝，塑造了他们坚毅的品质和过人的心理素质。部分毅力较强同时具有营销天赋的精英的个人价值也得到了最大的体现。

但是，这个发现和证明精英的过程是以这样残酷的形式来体现的：每年 60% 以上的淘汰率，"卖保险的没有保险"的尴尬处境，没有领取营销

后 记

执照却照交营业税的无奈，每月每年的收入和考核都要清零从头再来，用逐年降低的年平均收入去应对高速攀升的物价，永远以一个出发者的姿态行走在职场和客户之间……真正的精英，还要具有用永远挂在脸上的微笑去把以上的一切融化和覆盖的能力！这需要多么大的包容和隐忍啊。即便这样，他们也无法避开来自社会甚至保险企业内部对他们的误会、曲解和歧视。

这是一个具有独立而坚强人格力量的群体！

因为这些，十多年来，我无法让自己面对现状而心如止水，我无法忘记十几年来成千上万个默默离开这个行业的绝大多数。我无法安慰自己："你已经过得不错了，那些与你无关。"更无法假装什么也没看到。相反，我一直在尝试通过更深入的了解和更广泛的交流，来帮助我获得更多的发现，进而产生清晰的营销体制变革脉络。我认为这是这个时代赋予我们每一个保险人的使命。

因为这些，我从未停止过思考，然后把这些看到的、听到的和想到的东西用文字的方式表达出来。期望这些东西能引起更多的同业共鸣，能得到更多的关心、支持保险业发展的社会各阶层有识之士的关注，更期望得到政府和保险监管部门的理解和回应。如果是这样，那么推动保险业的改革力量必将如逢春的万里河山，迅速迎来一个保险业生机勃勃的春天。

这就是我历时十年，落笔近一年完成此书的初衷。

早在 2009 年，我曾写过一篇题为《对我国当前寿险代理人制度的思考》有关保险营销体制变革的文章。现在看来，当时落笔时的感性大于理性，看到了方向和问题所在，但缺少严谨的逻辑关系以及翔实的数据论证，思考的改革路径显得片面和单薄，可操作性和指导意义也存在较大的局限性。所以自 2010 年起，就再次深入思考，着手收集和整理资料，并

就相关专业性问题向很多业界专家和经济学家请教，同时还查阅了大量书刊媒体的相关资料和文献，以求对问题的思考更具高度和系统性。虽然现在呈献在读者面前的东西依然乏善可陈，但这毕竟是我这几年来落实想法的行动。

我相信，保监会的 83 号文，将是吹开中国保险营销体制变革崭新一页的清风，十八大报告中所强调的更多更公平的民生优先、惠民富民的政策取向，将是推动此次体制变革的强劲动力。我相信，透明温暖的阳光，一定会洒向保险营销员这个群体。

其实，写作于我而言，是一件很难的事，甚至根本力不能及。反而市场营销、团队经营和教育培训于我而言倒是得心应手多了。如果有空的话，我更愿意附庸风雅去玩玩相机、练练书法和篆刻，以及外出旅行等做一些不误正业的事。

我相信有些人有着和我相同的感受，那就是：你花了大力的精力试图去论证一件事，想了很长时间，也准备了大量的素材，甚至都制定了清晰的写作脉络。但是，当你提起笔来的时候，反而感觉无从下笔，这种体会在我写这本书时尤甚。虽然经过十年的思考和三年多的准备，可是当我在 2012 年 2 月份开始动笔时，却一拖再拖。无数次枯坐书案，经常一坐一天，皆无从落笔，最多时近一个星期不着一字。而有时为了求证一个数据，也会翻天覆地寻找一个多月。再加之期间夹杂着这样或那样的琐事，总使我的思绪时断时续，就是在这种状态下，历时半年，终于完成了初稿。顿感身心俱轻、妙不可言。

我之所以选择在这个题材进行持续研究，源于我认为中国的保险营销体制变革眼下已势在必行，而且别无选择。作为一名保险人，我无法做到对这次变革无动于衷，因为这份职业我从事了十八年（1995~2012 年），

后记

其中十五年市场营销和营销团队管理，以及保险公司两年多的行政管理经历，它是一份让我付出了所有心智和汗水的职业。是这个职业让我在深圳这个城市找到了自我，也是这个职业和这座城市让我看到了很多，也想到了很多。我承认我热爱这个职业，发自内心深处认同保险在经济生活中不可替代的价值。所以，我才渴望看得更远，渴望为这个行业的发展尽一点微薄之力。

东北财经大学的三年 EMBA 课程，使我得以充分领略国内诸多名家、教授的风采，同时也开阔了我的视野，延伸了我思考问题的深度，使我在写作此书时具备了一定的理论基础。在多名教授的鼓励和指导下，终于让这个萦绕于怀多年的心愿得以实现。

感谢东财金融学院的刘子操教授。刘教授是学院商业保险和社会保障专业的资深保险研究专家，他对我国商业保险领域和保险营销体制的研究卓有成就，具有很高的专业水准。是刘教授对我写作此书价值的充分肯定和鼓励，才使我以一个良好的状态写完此书。在写作过程中，更是多次得到他的宝贵建议和修改指导，在此，请允许我向刘教授表示由衷感谢。

感谢国内保险营销界的同仁们，他们在众多场合的无私分享，使我深感作为一名保险营销人不能对保险营销体制变革无动于衷。感谢我的团队春风部全体同仁，十五年来，是他们陪伴着我共同品尝保险营销的酸甜苦辣，使我在跋涉的路上从不感到孤独。

我还要特别感谢我的妻子，她不止一次在我写作陷入困境时，提出了富有创造性的思路，使文章得以顺利进行。近一年来，也是她为我承担了资料查询等辅助性工作，并创造了一个良好的生活环境，使此书写作能够顺利完成。

基于多年独立思考的结果，书中我不揣冒昧地提出了保险"全面市场

化"和保险"大中介"两个概念，作为我国保险营销体制变革的一种新思路，深感其内涵还不够丰富，这里只能算抛砖引玉。囿于本人学识所限，书中疏漏、不足之处在所难免，敬请业内外专家多多批评指正。

王峰雪

2012年12月2日于深圳云水斋